www.ingramcontent.com/pod-product-compliance
Ingram Content Group UK Ltd.
Pitfield, Milton Keynes, MK11 3LW, UK
UKHW061657190726
13853UKWH00008B/2251

سلسلة الأوائل للفتيان 

# أولُ مَنْ أسلمَ من الرجالِ الأحرارِ
# أبو بكر الصديق رَضِيَ اللَّهُ عَنْهُ

بقلم

محمد ثابت توفيق

مكتبة العبيكان

ح مكتبة العبيكان، ١٤٢١هـ

فهرسة مكتبة الملك فهد الوطنية أثناء النشر

أول من أسلم من الرجال الأحرار أبو بكر الصديق، لجنة التأليف والترجمة بمكتبة العبيكان ـ الرياض.

١٠٥ص، ١٧×٢٢ سم

ردمك: ٨-٦٩٩-٢٠-٩٩٦٠

١- أبو بكر الصديق؛ عبدالله بن أبي قحافة ٢- الصحابة والتابعون

أ- العنوان ب- السلسلة

ديوي ٩،٢٣٩ ٢١/١٨٥٢

ردمك: ٨-٦٩٩-٢٠-٩٩٦٠ رقم الإيداع: ٢١/١٨٥٢

الطبعة الأولى

١٤٢١هـ / ٢٠٠٠م



الناشر

مكتبة العبيكان

الرياض ـ العليا ـ تقاطع طريق الملك فهد مع العروبة.

ص.ب: ٦٢٨٠٧ الرياض ١١٥٩٥

هاتف: ٤٦٥٤٤٢٤، فاكس: ٤٦٥٠١٢٩

# الفصل الأول

## ولادة أبي بكر

وبعدَ ولادة محمدٍ بثلاثِ سنواتٍ، ولدَ مولودٌ آخرُ في بني تيم ففي بيت أبي قحافة وضعت زوجتُه سلمى بنتُ صخرٍ التي كان يُطلقُ عليها الخيرُ وضعت مولوداً سُمي عبداللّهِ. وكُنِّيَ فيما بعد[1] بأبي بكرٍ.

### سببَ فرحةِ الكونِ بقدوم محمدٍ ثمَّ أبي بكر.

بعد ثلاثِ سنواتٍ[2] من العام الذي غزا أبرهةُ فيه الكعبةَ وولدَ فيه في قبيلةِ بني هاشم محمدٌ ، ولدَ أبو بكر، أراد الله لهذا الكونُ سعادةً تَغمره، وكيفَ لا وقد أذنَ اللّهُ بزوالِ ظلامِ الجاهليةِ عن الأرضِ، وولادة النبي الخاتم، ثم ولادة صاحبهِ وحبيبهِ أبي بكر الصديق.

### نشأة أبي بكر.

كبرَ أبو بكر ونما في قبيلة بني تيمٍ التي كانت تتصفُ بالشرفِ، إذ إنها كانت تقومُ بدفعِ الدياتِ عن الغارمين، والديَّةُ هي ما يدفُع لأهلِ القتيلِ من مالٍ أو غيرهِ، هنا يكون المالُ أو غيرهُ من إبلٍ سبباً في نجاة رجل، لكن ربما

---

١- الكنية هي الاسم الذي يبدأ بـ« أب » أو « أم » أو « ابن » أو « ابنة ».

٢- الكامل في التاريخ -ابن الأثير- ص٤١٩ .

كان هذا الرجلُ فقيراً غيرَ قادرٍ على دفعِ الديةِ هذه هنا تقومُ قبيلةُ بني تيم بدفعها عنهُ، وكانَ هذا الأمرُ من الأمورِ التي تتشرفُ بها القبائلُ، فلما كبرَ أبو بكر اختارَ أن يقوم بدفعِ الديات هو[١]، ويعفي قبيلتهُ منها.

وبذلك يكون قد تجمعَ لدى أبي بكر الأصلُ الرفيعُ، والمالُ الوفيرُ، غيرَ أنه على الرغم من ذلك لم يكن كبعضِ أغنياءِ مكةَ، بخاصةٍ أولئك الذين أنساهُم نسبُهم إلى قبيلةٍ كبيرةٍ، أو مالُهم الوفيرُ أنفسَهُم، فراحوا يفسدُونَ في الأرضِ، ويتحكمونَ في الناسِ ويظلمونَهم.

كان أبو بكر غيرَ ذلك، إذ إنه كانَ متواضعاً، يحبُّ أن يكونَ بينَ الناسِ كأنه واحد منهم، لا يحبُّ أن يميزُوه لأصلِه، أو لمالهِ، لذا كانَ سهلَ المعاملةِ معهم، فأحبوهُ حبًّا شديداً[٢]، هذا إلى جانبِ أنه كان عالماً بالأنساب يعرفُ الرجلَ من قريشٍ ويعرفُ أباه بل أجدادهُ، لذا كانَ يعاملُ كلَّ واحدٍ منهم المعاملةَ التي يستحقُّها[٣].

وظلَّ أبو بكر كما هو، بعدما اشتهرَ في مكةَ بعلمهِ الشديدِ بأحوالِ قريشٍ وما كانَ فيها من خيرٍ وشرٍ، ولحاجةِ قومهِ الشديدةِ إليهِ في أمورِ

---

١- الصديق أبو بكر -محمد حسين هيكل- ص٨.

٢- السيرة النبوية -ابن هشام- جـ١- ص٢٣٢.

٣- السيرة النبوية -ابن كثير- جـ١- ص٤٣٢.

التجارةِ، فظلَّ كما عهدوه، لم يتغَّير. حسنَ المجلسِ، لايتكلمُ بما يضايقُ أحداً منهم، وهكذا ظلَّ أبو بكر معظماً محترماً يحبُّه ويقدُره الجميعُ[١].

## تجارةٌ ناجحةٌ.

كلُّ هذه المقوماتِ جعلت من تجارة أبي بكرٍ تجارةً ناجحةً، تزدادُ وتنمو بازديادِ ونمو سيرةِ أبي بكرٍ الحسنةِ.

## صداقةٌ قويةٌ.

من قبله كانَ محمدٌ قد اشتهرَ بالصدقِ والأمانةِ حتى إنَّ السيدةَ خديجةَ وهيَ التاجرةُ المعروفةُ في مكةَ عرضت عليه العملَ لديها نظيرَ ضعفِ ما تعطي الرجلَ من قومِه. فعملَ في تجارتِها، كانَ محمدٌ يميلُ إلى الهدوءِ مثلَ أبي بكرٍ وكانَ يرى كثيراً من تصرفاتِ شبابِ مكةَ طيشاً ليس له ما يبرره، وكان أبو بكرٍ متحلّياً بالاتزانِ، يمتازُ بالهدوءِ في تفكيره، وكانَ محمدٌ يميلُ إلى اعتزالِ الناسِ في الأوقاتِ التي يفرغُ فيها من عملِه، وكذلك كان أبو بكرٍ وديعاً وسمحاً سريعَ التأثر، يشاركُ البائسَ الفقيرَ بؤْسَه، ويحاولُ أن يجدَ له مخرجاً منه، ويشفقُ على الضعيفِ فيعينه، لكنه كانَ في ساعةِ العملِ لايعرفُ الترددُّ أو المزاحَ[٢]، هكذا اتفقَ أبو بكرٍ مع محمدٍ في كثيرٍ من

١– السيرة النبوية – ابن كثير – جـ١ – ص ٤٣٧ .

٢– السيرة النبوية –ابن كثير– جـ١– ص٤٣٩ .

الصفاتِ، فاعتادَ أهلُ مكةَ أن يروهُما معاً، وعلا قدْرُ كُلٍّ منهما لدى الآخر لما يعرفُه عنه، فكان أبو بكر يقدرُ محمداً لما يعلمُه عن أخلاقِه، ويلمسُه من تصرفاتِه الحسنة الحكيمة العظيمة، وكان لتقارُبِهِما في السنِّ أثرٌ كبيرٌ في اتفاقهِما في كثيرٍ من الأمورِ، حتى جاءَ يوم تغير فيه مجرى التاريخ نحو الرفعة والسمو..

# الفصل الثاني
# بدايةُ الطريقِ الإيمانيِّ

خرجَ أبو بكرٍ ليزورَ الرسولَ كما اعتادَ، فلما قابلهُ قالَ له:

- يا أبا القاسم فُقدتَ من مجالسِ قومكَ، واتهموكَ بالعيبِ لآبائِها وأمهاتِها[١].

والقاسمَ هو ابنُ الرسولِ ﷺ من السيدةِ خديجَة ورغمَ أنه لم يعش طويلاً، إلا أنه كانَ عزيزاً على الرسولِ، وأبو بكر يحرصُ حينما يخاطبُ الرسولَ أن يناديَه بأحبِّ الأسماءِ إليهِ، ثم يتساءلُ عن سببِ غيابِ الرسولِ عنِ المجالسِ التي اعتادَ أن يلقاهُ فيها بينَ قومه، واستفسرَ أبو بكرٍ عن صحة ماتقولهُ قريشٌ وتنسبهُ إلى الرسولِ من عيبهِ لآبائهِم وأمهاتهِم، وكانَ الرسولُ قد دعاهُم إلى الإيمانِ باللّهِ وحدهُ، وتركِ الشركِ وعبادةِ الأصنامِ، وراحَ يقنعهم بالدليلِ الواضحِ القويِّ على صحةِ ما يقولُ، وفسادِ عبادتهِم، وبدلاً من أن يقتنعوا ويتبعوا الطريقَ الصحيحَ، راحوا يتساءلون عن مصيرِ آبائهم الذينَ كانوا يعبدونَ الأصنامَ مثلهُم، وكيفَ يمكنُ لآبائهِم أن يخطئوا، هذه عادةُ المخْطِئ الذي يُصِرُّ على خطئِه حينما يدلُّه أحدٌ على الصوابِ، يعلم في داخلِ نفسه صدقَ دعوةِ مَنْ دعاه، ولكنْ يختلقُ المبرراتِ كي لايؤمن، وأبو

١- السيرة النبوية -ابن كثير- جـ١- ص٤٣٩.

بكر كانَ قد فقدَ الرسولَ، فلم يلتقِ به فترةً من الزمانِ، فلمَّا قابلهُ أسرعَ يسائله، ويستوضحُ منه الأمرَ، في لهفةٍ وشدةِ حبٍّ، قالَ الرسولُ:

- إني رسولُ اللَّهِ أدعوكَ إلى الإسلامِ.

لم ينشغلِ الرسولُ ﷺ بالردِّ على ماتدعيه.. قريشٌ، ولم يلتفت إلى قولها، وإنما دعا صاحبهُ إلى الإسلامِ مباشرةً، فما كانَ من أبي بكرٍ الذي يعرفُ الرسولَ حقَّ المعرفةِ إلا أن آمنَ على الفورِ، وفي هذا يقولُ الرسولُ:

- مادعوتُ أحداً إلى الإسلام إلا كانت عنده كبوةٌ - تَغَيَّرُ وجه من همٍّ أو حزن[1] - وتردد ونظر - إلا أبا بكر ما عكمَ - انتظرَ - حين ذكَّرْته، ولاتردَّدَ فيه.

## إيمانٌ فريدٌ.

ومعنى قول الرسولُ إنه ما دعا أحداً إلى الإسلامِ إلا وتغيرَ وجههُ، وتحيرَ، وترددَ، وفكَّرَ، إلا أبا بكرٍ فإنه لم ينتظر حينما دعاه الرسول ولم يتردد في الدخول في الإسلام، إنه إيمانٌ فريدٌ تميزَ به أبو بكر، فلقد آمن على الفور، والمعتادُ أن ينتظرَ المقبلُ على مثلِ هذا الأمرِ، إذ إنَّ حياتهَ كلَّها ستتغيرُ، ولكنَّه أبو بكر ذو العقلِ الراجحِ، والتفكيرِ المتعقلِ، عرفَ الحقَّ بعقلهِ، واطمأنَ إليهِ قلبُه.

---

١- المعجم الوجيز - مجمع اللغة العربية - ص ٥٢٦.

## سعادةُ الرسولِ بإسلامِ أبي بكر.

سعدَ الرسولُ بإسلامِ أبي بكر سعادةً شديدةً، حتى إنه صارَ يذكرُ أبا بكر بالخيرِ بينَ أصحابهِ، فكانَ مما قالَه لهم فيما بعد:

- إنّ اللَّه قد بعثني إليكم فقلتم: كذبتَ.

وقالَ أبو بكر: صدقَ.

وواساني بنفسهِ ومالهِ، فهل أنتم تاركو لي صاحبي[1]. قالها الرسول مرتين، ذاكراً أبا بكر بالخير، لأنه خفَّفَ عنه ما يلاقيه في سبيلِ الدعوةِ، وساعدهُ بنفسهِ، ومالهِ.

## أبو بكر الداعيةُ إلى اللَّه.

كانَ إسلامُ أبي بكر فتحاً، فهوَ أول مَنْ أسلمَ من الرجالِ الأحرارِ، وقد كانَ إسلامُه أنفع من إسلامِ مَنْ سبقوه[2]، فأبو بكر الفطنُ سريعُ الفهمِ قد أدركَ أنَّ هذا الخيرَ الذي هداهُ اللَّه إليه ينبغي أن يعرفَه الناسُ، وكما دعا الرسولُ أبا بكر أراد أبو بكر أن يدعَو غيرَه إلى الإسلام، قررَ أن يدعوَ أصحابهَ المقربين، فأسلمَ على يديه:

---

١- السيرة النبوية -ابن كثير- جـ١- ص٤٣٣.

٢- السيرة النبوية -ابن هشام- جـ١- ص٢٣٢.

١- عثمانُ بنُ عفانَ .. التاجرُ المعروفُ في مكةَ، وثالثُ الخلفاءِ الراشدين في الإسلام.

٢- سعدُ بنُ أبي وقاص .. أولُ مَنْ رمى بسهم في الإسلامِ وفاتحُ بلادِ فارس.

٣- الزبيرَ بنُ العوام .

٤- عبدُالرحمنِ بن عوفٍ.

٥- طلحةُ بنُ عبيدَ اللَّه.

إنهم خمسةَ من المؤمنينَ الذين ضحُّوا في سبيلِ دينهِم، وعملوا على نصرة كلمةِ ربهم، إنَّ هذا ليدلُّ على حسنِ اختيارِ أبي بكرٍ لأصحابهِ، وعلى عظيمِ ثقةِ أصحابهِ به، فحينما دعاهُم إلى الإسلامِ استجابوا له، كذلك يدلَّ هذا الإيمانُ لخمسٍ من كبارِ الصحابةِ بعد إيمانِ أبي بكر على قدرة أبي بكر الكبيرةِ على الإقناعِ.

## أبو بكرٍ يُعَذَّبُ في سبيل اللَّه.

وحينما بلغَ أصحابُ الرسولِ ثمانيةً وعشرين رجلاً، ألحَّ أبو بكر عليه في الظهورِ، الوقوفِ أمامَ قريش معلنين إسلامهُم ، فقالَ له الرسولُ:

- يا أبا بكرٌ إنا قليلٌ[1].

أبو بكر الهادئُ النفس، المطمئنُّ البالِ، يقترحُ على الرسولِ، ويكررُ على مسامعهِ الطلبَ، يلحُّ في أن يقفَ المسلمون أمامَ قريشٍ مُعْلنين مفاخرين بإسلامِهم، إن أبا بكر السمحَ ليتحولُ إلى رجلٍ صُلبٍ حينما يتعلقُ الأمرُ بشيءٍ عزيزٍ لديه، وهل أعز وأغلى على نفسهِ من دين اللَّه؟

ذكَّرَ الرسولُ أبا بكر في البداية بقلةِ عددِ المسلمين أمامَ عددَ المشركينَ الضخمِ الكبيرِ، ثم لم يلبث أن وافقَ على قولهِ، فخرجَ هو وأصحابُه إلى المسجدِ الحرامِ، فلما وصلوا إليه أمرَ الرسولُ المسلمينَ أن يتفرَّقوا في المسجدِ، لكن بشرطِ أن يقفَ كلُّ واحدٍ منهم بينَ قومهِ، كي يحموه من بطشِ وتعذيبِ المشركين، والرسولُ يخافُ على صحابتهِ، فيرشدَهم إلى الحذرِ الشديدِ، يقفُ كلُّ واحدٍ منهم بينَ قومهِ، فإذا وجدت قريشٌ أن كلاً منهم بين أهلهِ لم تستطعْ إيذاءَ أحدٍ منهم.

## أولُ خطيب في الإسلامِ

التزمَ جميعَ المسلمين بأمرِ الرسولِ، ووقفَ كل منهم بين أهله، فيما عدا أبا بكر فقد قامَ بينَ الناسِ خطيباً، لم يخفْ، ولم يترددْ، قامَ يدعو قريشاً إلى الإيمانِ باللَّهِ، وتصديقِ الرسولِ، وهوَ يعلم أنها تسيطرُ على المسجدِ الحرامِ،

١-السيرة النبوية -ابن كثير- جـ١ ص٤٤٠.

وهم لن يتركوه، غيرَ أنَّ هذا الصحابيَّ السمحَ الوديعَ عَرَّضَ نفسهُ للخطرِ الشديدِ في سبيلِ دينِه، استمعَ المشركون إلى كلماتهِ، فبلغَ بهمُ الغضبُ مبلغاً شديداً لم يستطيعوا معهُ التحكمُ بحقدهم الدفين، فراحوا يضربون أبا بكرٍ ضرباً شديداً، هو ومَنْ تصلُ إليه أيديهم من المسلمين، لم يراعوا حرمةً للمسجدِ الحرامِ وكانَ من تقاليدِهم عدمُ الاعتداءِ على أحدٍ فيه، ولما تمكنوا من أبي بكر، ولم يكن قومُه حولَه، وكانَ غيظهم منه لا حدَّ له، أوقعُوه على الأرضِ، وأخذوا يخْطُونَ فوقَه، ولم يكتفوا بذلك، بل راحوا يكيلونَ له الضربات، حتى إن أحدَ المجرمين، وكان يُدعى عُتْبه بن ربيعة قد اقتربَ منهُ، وأخذَ يضربُه بنعليه، وتعمدَ أن يضربَه بطرفهِما المدببِ، كي يؤلمَ أبا بكرٍ أكثرَ، وحاولَ أن يكونَ أكثرَ الضرب موجهاً إلى وجههِ، ويُروى[1] أنه من كثرة ضربِ هذا الأحمقِ لأبي بكر أنَّ قد تشوه وجهه، فما يقدرَ أحدٌ على تمييزه عن بقيةِ جسدهِ، فلمَّا سمعت بنو تيم -قبيلةُ أبي بكر بما حدثَ له - أقبلوا مهرولينَ، حتى وصلوا إلى المسجدِ، فانتزعوا أبا بكر من بينَ يدي مجرمي قريشٍ، ثم لفُّوهُ في ثوبٍ، وحملوهُ إلى منزلهِ، وجميعُهُم يظنُّ أنه قد ماتَ، ولا يشكُ أحدُهم في ذلك، حتى إنهم تركوه في المنزلِ وعادوا إلى المسجدِ الحرام فدخلوه مقسمين:

- واللّهِ لئن ماتَ أبو بكر لنقتلنَّ عتبةَ بنَ ربيعةَ.

---

١-السيرة النبوية -ابن كثير- جـ١ ص٤٤٠.

## شدةُ إصابةِ أبي بكر.

ثم عادوا إليه، فأخذَ أبو قحافة أبوه يحدثُه، والقومُ من حولِه بينَ خائفٍ عليهِ، ومتلهفٍ ينتظرُ ما سيحدثُ، فأحدهُم يهزُّ أبا بكرٍ والثاني يحدثَه، حتى تحرك أبو بكرٍ، ولم يستطع الردَّ عليهم، حتى أفاق آخرَ النهارِ ففرحوا بذلك، وحينما استطاعَ الكلامَ، أنصتوا إليه جيداً، فكان أولُ ماسألَ عنه:

## وفاءٌ عظيمٌ.

- ما فعلَ رسولُ اللَّه؟.

دققَ القومُ في وجهِهِ، مندهشينَ من قوله، يكادُ يموتُ، وحينَ يفيقُ لا يسألُ عن شيءٍ قبلَ أن يسألَ عن الرسولِ ﷺ، أولاً يسألُ حتى عن مرضهِ؟

راحوا يعتبونَ عليه، ينصحونَ بأنْ يهتمَّ بأمرِ نفسهِ أولاً، تعجَّبوا من أمرِهِ، ثم إنهمْ تولَّوا عنه منصرفين، وقالوا لأمه:

- حاولي أن تطعميهِ شيئاً أو تسقيه.

فلما انصرفوا عنه راحت تطلبُ منه، وتكررُ عليه الطلبَ في إلحاحٍ كي يأكلَ أو يشربَ وهو ويرددُ:

- ما فعلَ رسولُ اللَّهِ؟

فأجابتهُ أمهُ:

- واللَّهِ ما أعلمُ شيئاً عن صاحِبِك.

فقالَ لها أبو بكر:

- اذهبي إِلى أمِّ جميلٍ بنتِ الخطابِ فاسأليها عنه.

إِنه في موقفِ خطيرٍ، ظنَّ معهُ أهلهُ أنه قد ماتَ، وحينَ يفيقُ لا يتعجبُ لحالهِ، لقد أغميَ عليهِ وهوَ في المسجدِ فكيفَ وصلَ إِلى منزلهِ، ولا يشغلهُ الألمُ الشديد الذي يحسُّ به، عن السؤالِ عن الرسولِ، تخبرهُ أمهُ بأنها ما تعرفُ عنه شيئاً، إِنه شديدُ الخوفِ، لا على نفسهِ، ولكن على الرسولِ، يخشى أن يصيبهُ مكروهٌ، يعلمُ أنه فردٌ، ولكن الرسولُ هو الهادي فلو أصابهُ مكروهٌ إِذن لتغيَّرَ حالُ الدعوةِ الإِسلاميةِ، وذلكَ هو الإِيمانُ الذي أخبرَ عنهُ الرسولُ حينَ قالَ: «لا يؤمنُ أحدكُم حتى أكونَ أحبَّ إِليه من والده وولده والناس أجمعين».

## والدة أبي بكر تذهب إلى السيدة أم جميل.

نفَّذَت والدةُ أبي بكر ما طلبهُ منها، فذهبت إِلى السيدةِ أم جميلٍ وسألتها عن حالِ الرسولِ أجابت:

- ما أعرفُ أبا بكرٍ ولا محمدَ بنَ عبدِاللَّه، ولكن إِذا أحببتِ أذهبَ معكِ حتى ابنكِ.

إِنَّ أمَّ جميلٍ تلتزمُ جانبَ الحذرِ، تنفي معرفتَها بأبي بكر والرسولِ حتى تتأكدَ من شخصيةِ التي تسألُها، وهكذا ينبغي أن يكونَ حالُ المسلمين، في الأمورِ المهمةِ، لايتعجلونَ، فيخبرونَ قبلَ أن يعرفوا من يخبرونهَم.

ومضت السيدةُ أم جميلٍ مع والدةِ أبي بكرٍ حتى إذا وصلتَا إلى حيثُ يرقدُ، ورأت أم جميلٍ أبا بكرٍ على هذه الحالةِ صرخت صراخاً عالياً وقالت:

واللَّه إنَّ قريشاً التي فعلت بكَ هذا، وضربوكَ حتى جعلوكَ على هذه الحالةِ، إنهمُ لأهلُ فسقٍ وكفرٍ، وإنني لأتمنّى أن ينتقمَ اللَّهُ لكَ، ويأخذَ لك حقك منهم.

إنَّ الحالةَ التي رأتِ عليها أبا بكر جعلتها تصرخُ مستنكرة ما فعلتهُ قريشٌ، بل وداعيةً اللَّهَ أن ينتقمَ مَمَنْ فعلوا في أبي بكرٍ ذلك، على أن كلامَها وفزعهَا لم يصرفا أبا بكر عن سؤاله:

– فما فعلَ، رسول اللَّه؟

قالت:

– فهذه أمُّك تسمعُ.

إنها تخشى أن تصلَ كلماتُها إلى قريشٍ لذا تحذرُ جيداً قبلَ أن تتكلمَ، طمأنها أبو بكر فقالت:

- إنّ رسولَ اللّه سليمٌ معافىً لم يمسهُ أحدٌ بسوءٍ، وقد نجا من شرورِ المشركين وإجرامهِم.

أسرعَ أبو بكر يسألُ:

- إذن فأينَ هو الآن؟

أجابتهُ أم جميلٍ:

- في دارِ الأرقمِ بنِ أبي الأرقمِ.

فطلبَ أبو بكرٍ على الفورِ من أمِّه أن تساعدَه على الذهابِ إليه، إنّه يريدُ أن يطمئنَّ بنفسهِ، ولقد بلغَ به حبُّ الرسولِ مبلغاً عظيماً جعلَهُ وهو في الغم والألم الشديدِ يقسمُ ألا يأكلَ طعاماً، أو يشربَ شراباً قبل أن يزورَ الرسولَ.

## سيرةُ أمِّ أبي بكرٍ وأم جميلٍ في أمرِ أبي بكر.

احتارت أمُّه وأم جميلٍ في أمرهِ، احتارت لأنه مريضٌ لايقوى على السيرِ، ثمَّ إنّ قريشاً قد تحاولُ أن تعتدي عليه مرةً أخرى إن هو خرجَ من داره، فلما رأت إصرارهُ الشديدَ، اقترحتا عليه أن ينتظرَ حتى يتأخرَ الليلُ، فينشغلَ المشركون عنهم، وبذلك يمكنهما السيرَ به، وبالفعل انتظروا حتى خلت طرقاتُ مكةَ من العابرينَ، فاستندَ أبو بكر عليهمَا لأنه كانَ لايقوى على السيرِ، حتى أدخلتاه على الرسولِ فما إن رآه حتى أكبَّ - مالَ- عليه

يقبِّلُهُ، والمسلمونَ متأثرونَ، يفعلونَ مثلَ فعل الرسولِ، وقد ظهرَ على الرسولِ التأثرُ الشديدُ، فقالَ أبو بكر: - بأبي أنتَ وأمي يا رسولَ اللَّهِ، لم يصبني من شيءٍ إلا ما استطاعَ الكافرُ ابنُ عتبةَ أن يصلَ إليهِ من وجهي.

## أبو بكر يطمْئِنُ الرسول.

يطمئنُ أبو بكر الرسولَ إلى أنه بخيرٍ، يقسمُ له في البدايةِ أنَّ مكانتهُ لديهِ أحبُّ إليه من أبيه، وأمه، يرى قلقَ الرسول عليه فيطمئنه إلى أنه غيرُ مصابٍ إلا بما تبدَّى على وجههِ من ورمٍ، ولا ينسى أنَّ التي إلى جوارهِ هي أمُّه، سهرت عليه، وربتهُ، تعبت لأجلهِ، ولكنَّها مازالت مشركة، يجدُ أبو بكر الوقتَ مناسباً ليضيفَ إلى رصيدهِ ممن دعاهم إلى الإسلامِ، ليضيفَ موحدةً جديدةً هي أمُّه. ورغمَ مرضِهِ الشديدِ، وهذا الموقفِ العصيبِ .. يقولُ:

«هذه أمي كثيرةُ الحبِّ لي، وأنتَ يا رسولَ اللَّه مباركٌ كثير الخيرِ فادعُها إلى الإسلامِ».

فدعا لها الرسولُ، ودعاها إلى الإسلامِ فأسلمت.

وهكذا كانَ أبو بكر سبَّاقاً إلى الإسلامِ بنفسه، داعياً غيرهُ إلى الإسلامِ، وحرصَ دائماً على أن يكونَ الأولَ، فكما كانَ أولَ مَنْ أسلم من الرجالِ الأحرارِ، ظلَّ الأول في نصرةِ الرسولِ والدعوةِ.

## أبو بكر يفدِّي المسلمين.

## إسلامُ بلالٍ.

كانت قريشٌ لا تكثر تعذيبَ أحد من المسلمين الأحرارِ، ذلك لأنَّ قومهم يحمونَهم، لكنَّ العبيدَ الضعفاءَ لم يكن لأغلبِهم أهلٌ في مكةَ يحمونَهم، فلقد اختطفَ بعضهُم من بينِ قومهِ، وبيعَ بعيداً عنهم، فهم لايعلمون له طريقاً فيستردونَه، وهو مجبرٌ على الخدمةِ طوالَ حياتِه. أكثرَ القرشيون من التعرضِ لهؤلاءِ الضعفاءِ، وإيذائهِم، وكانَ من هؤلاءِ: بلالٌ بن رباحٍ الأسودُ البشرةِ، ولكن متى كانَ سوادُ الوجهِ أو الجسدِ دليلاً على سوءِ الإنسانِ؟ كان بلالٌ أسودُ الوجه ولكنهُ كانَ نقيَّ الصدرِ، محبّاً للخيرِ لنفسهِ ولأهلِ مكةَ ، كانَ صادقَ الإسلامِ، قد علمهُ دينهُ أنَّ اللَّهَ لايحاسبُ الناسَ بأشكالهِم، ولكن يحاسبُهم وفقَ أعمالهم.

## بنو جمح تحرصُ على تعذيبِ بلال.

لما علمت قبيلةُ بني جمح- وهي القبيلةُ التي كانَ بلالٌ يخدمُ فيها - بخبرِ إسلامهِ، قامت إليه مسرعةً، وأخذتهُ فحبستهُ، وخيلَ إليهم أنه بإمكانهم إعادتُه مشركاً مرةً أخرى، ظنوا أن الضغطَ عليه وتعذيبه سوفَ يجعلانه يتراجعُ.

وفي البداية حبسوهُ في مكانٍ مغلقٍ، وحرمُوه من الطعامِ والشرابِ، ظانينَ أنه متى آلمه الجوعُ، وذاقَ مرارةَ العطشِ رجعَ عن إيمانهِ، غيرَ أنهم فوجئوا به يتحملُ الجوعَ والعطشَ في صبرٍ، وإيمانٍ شديدينِ، اغتاظَ الكفارُ، من تحمُّل بلالٍ ففكرَ أميةُّ بنُ خلفٍ في حيلةٍ أخرى يزيدُ بها من الضغطِ عليه كي يرجعَ عن دينهِ.

ولما اشتدت شمسُ الظهيرةِ أخذه إلى الصحراءِ المحرقةِ فألقاهُ فيها، على الرمال المحرقة، في الوقتِ الذي لايستطيعُ أحدٌ من أهلِ مكةَ الخروجَ من دارهِ، والبقاءَ لفترةٍ طويلةٍ خارجهَا، ولم يكتفِ بذلك، بل أتى بصخرةٍ كبيرةٍ، فوضعهَا على صدرهِ، ثم قالَ في تحدٍّ وشماتةٍ:

لن تُزالَ هذه الصخرةَ الكبيرةَ من على صدرِك، وسأتركَكَ في مكانكَ هذا حتى تموتَ، فإذا أردتَ النجاةَ بنفسك، وأحسستَ بقربِ ذهابِ روحكِ، فاكفر بدينِ محمدٍ، واعبدِ الأصنام، وحينئذ سوفَ أتركَكَ...

## بلالٌ يتمسك بدينه.

كانَ بلالٌ يستمعُ إلى كلماتِه، ورغَم الحرِ الشديدِ، وثقلِ الصخرةِ على صدرهِ، لم يكن يجبه إلا بكلمتينِ. لم ينطق إلا بهما، وصارَ يكررهُما:

- أحدٌ ... أحدٌ[١].

١- السيرة النبوية -ابن هشام - جـ١- ص٣١٨ بتصرف.

فهو باقٍ على دينه، رغم ما هوَ فيه، لن يتراجعَ، فاللَّه وحدهُ هو القادر على إنقاذهِ مما يعانيهِ، وكان يرددُهما مجيباً بهما على عدوِّ اللَّهِ الذي يعذبهُ، فكادَ عقلُ أميةَ يذهبُ، كادَ أن يصيبهُ الجنونُ، يعذبُ بلالاً عذاباً لا يتحملهُ أحدٌ من البشرِ، ويحتملُ، ويصبرُ، بل يقولُ في وجهه أحدٌ . . . أحدٌ.

## أبو بكرٍ يعتق بلالاً.

راحَ أميةُ يزيدُ من تعذيبِ بلالِ مصراً على إرجاعهِ عن دينهِ، وبلالٌ يتحملُ العذابَ الشديدَ الذي كادَ أن يميتهُ في صبرٍ شديدٍ، ولم يكن لدى أحدٍ من المشركين شفقةٌ، أو رحمةٌ، فينقذَ بلالاً من بين يديهِ، وكانت قلوبُ المسلمينَ تكادُ تتفطرُ عليه، كلَّما مروا به ورأوهُ على هذه الحالة، بقيَ الأمرُ كما هو حتى مرَّ أبو بكر يوماً ببلالٍ، وهو يعذبُ فقالَ لمعذبهِ:

- ألا تتقي اللَّهَ في هذا المسكينِ؟ إلى متى؟

يسأله ألا يخافُ اللَّهَ وهو يعذبُ بريئاً، وإلى متى سيستمرُّ في تجبره، وبلالٌ قد أصابَه الضعفُ الشديدُ، قالَ له أبو بكر ذلك في لهجةٍ حادةٍ عنيفةٍ، فأجابهُ أميةُ في وقاحةٍ:

- أنتَ أفسدته فأنقذه مما ترى.

يسمي الكافرُ إيمانَ أبي بكرِ وبلالٍ بالفساد، بلغَ الضلالُ به إلى حدٍّ أن

نسيَ نفسه، وأعماهُ الشيطانُ عن الخيرِ، فرآه شراً وإفساداً، قال أبو بكر على الفور:

- أفعلُ، عندي غلامٌ أسودُ أجلدُ منه على دينِك، أعطيكه به.

يعرضُ أبو بكر عليه البدلَ، فلديه عبدٌ يخدمهُ، لونُهُ أسودُ، أكثرُ قوةً من بلال وأقوى، وهو على دينِ أميةِ أي إنه كافرٌ، وهو مستعدٌ لأن يعطيه هذا العبدَ مقابلَ أن يأخذَ بلالاً: فقالَ أمية:

- قد قبلتُ.

فقالَ أبو بكر:

- هولكَ.

وأعطاهُ الغلامَ الكافرَ، وأخذَ بلالاً فأعتقَه، تركهَ حراً دونَ أن يأخذَ منه شيئاً رغبةً في رضاء اللّه عز وجل.

وجعلَ اللّهُ أبا بكرٍ سبباً في نجاةِ بلالٍ من تعذيبِ أميةَ له، كما جعلهُ سبباً أيضاً لنجاةِ ستةٍ أخرينَ من العبيدِ المستضعفينَ، ابتاعهم[1] بماله، وبالثمنِ الذي قدَّره مالكوهم، كي ينقذَهم من العذابِ، ثم تركَهم جميعاً كما تركَ بلالاً، تركَهم في سبيلِ اللّهِ ضارباً بذلكَ أروعَ مثالٍ في التضحيةِ بالمالِ مقابلَ إنقاذ إخوانهِ المسلمينَ من المستضعفينَ.

---

١- اشتراهم.

## قسوةُ قلبٍ.

لم يكتفِ المشركونَ بتعذيبِ الصحابةِ الرجالِ من الفقراءِ، بل قست قلوبُ بعضِهِم، وانعدمَ الحياءُ والخجلَ من نفوسِهِم، فصاروا يعذبون صحابيتينِ من الإماءِ -العبيدِ- أيضاً، كانت أعرافُهم وتقاليدهم تنهاهم عن ذلك، ولكن غيظَهم أعماهم عما كانوا يعدونَه عيباً فظيعاً يستحي أحدُهم أن يفعلَه، فُعذبت صحابيةُ حتى فقدت بصرها من شدةِ الأذى الذي أصابها، ولما علمَ أبو بكر تدخلَ فابتاعها وابنتها ثمَّ تركهُما لوجه اللَّه.

## والد أبي بكر يلومه.

ذهب أبو قحافة إلى ابنه أبي بكر وقال له: يا بني إني أراك تبتاعُ عبيداً ضعاف الجسد لا قوة لهم، ثم تتركهم، وأنا لا أعيب عليك ذلك، ولكني أنصحك أن تبتاعَ رجالاً أقوياء، فإنهم يساعدونك عند الحاجة وينقذونك عند الأذى من المشركين.

فأجابَه أبو بكرٍ:

ياأبتِ ، إني إنما أريد ما أريدُ للَّه عزَّ وجلَّ.

يقولُ له إنما يتركُ هؤلاءِ الضعفاءَ لا لشيءٍ إلا رغبةً في رضى ربِّه عنه.

فنزلت آياتٌ بيناتٌ من القرآنِ الكريمِ من سورةِ الليلِ تكريماً لأبي بكرٍ . .

تقول الآيات :

﴿ فَأَمَّا مَنْ أَعْطَىٰ وَاتَّقَىٰ ﴿٥﴾ وَصَدَّقَ بِالْحُسْنَىٰ ﴿٦﴾ فَسَنُيَسِّرُهُ لِلْيُسْرَىٰ ﴾ الليل : ٥-٧، اللّه يُعلم المؤمنين بأن مَنْ يفعل مثلَ فعل أبي بكرٍ، فيعطيَ الفقراءَ، ويخافُ ربَّه فسيكون جزاؤه عند الله عظيماً في الآخرة .

## ازديادُ العداوة بينَ الرسولِ وقومِه .

استمرَ الرسولُ في تأديةِ رسالتهِ، وتبليغِ دعوتهِ إلى قريشٍ لايمنعُه الأذى الذي يلاقيه من النصحِ لهم وإِرشادهم، غيرَ أنهم تمادْوا في ظلمهم، ولم تمنعهُم حمايةُ عمِّه أبي طالب له من محاولةِ انتهاز الفرصِ لتعذيبه حتى جاءَ يومٌ : فبينما كانَ الرسولُ يسيرُ إلى جوارِ أبي بكر، إذ قامَ إِليه المشركون فأحاطوه من كُلِّ جانب قائلين :

- أنت الذي تعيبُ أصنامنا وتسخر من ديننا؟ .

فأجابَ عليهمُ الرسولُ في شجاعةٍ وثباتٍ :

- نعم أنا الذي أقولُ ذلك .

فاغتاظوا منه، حتى أن أحدَهم أمسكَ ملابسَ الرسولِ بشدةٍ، يجذبُها إِليه، فأسرعَ أبو بكرٍ فوقفَ بينَ الرسولِ وبينَهم، مدافعاً عن الرسولِ غير متمالكٍ لنفسهِ، يصيحُ فيهم :

- أتقتلونَ رجلاً أن يقولَ ربي اللَّه؟

تأثرَ أبو بكرٍ تأثراً شديداً حتى بكى، وهو يرى صاحبَه العزيزَ، وهو يعذبُ ويضطهدُ من قومه، لا لشيءٍ إلا لأنه دعاهم إلى الطريقِ الصحيحِ، ونصحَ لهم فأخلصَ النصيحة.

وعاد أبو بكر يوماً إلى داره، وقد ظهرَ أثرُ إمساكِ المشركين بشعر رأسه في شدةٍ بمفرق رأسه، وكان من عاداتهم أن يمسكوا بشعر ذَقن من يريدون استفزازه[١] .

ظل أبو بكر يتلقى الكثيرَ من الأذى معَ الرسولِ وعنه، حتى جاء يوم، رأى فيه المشركون أنَّ أصحابَ الرسولِ يتزايدون، برغمِ الأذى الذي يلاقونه، بل إن الأذى يزيدهُم تمسكاً بموقفِهم، رغم تعبِ أيدي المشركين من كثرةِ تعذيبهِم، لذا قرروا أمراً خطيراً.

## المقاطعة.

أجمعَ أعداءُ اللَّه على مقاطعةِ الرسولِ ومن معَه من المسلمين، بلْ ومَنْ يحميه من أفرادِ قبيلتهِ بني هاشم، أو بني عمومتهِ بني المطلب، وكتبوا بذلك كتاباً، عقدوا العزمَ فيه على ألا يزوجوهُم، ولا يبيعوا لهم طعاماً،

---

١- السيرة النبوية -ابن هشام- جـ١- ص٢٥٩ .

ولايتركوا رزقاً يصلُ إليهم، ولايقبلوا منهمُ صلحاً، ولا تأخذُهم بهم رحمةٌ، حتى يسلموا لهم رسولَ اللَّهِ فيقتلوه، وعلَّقوا كتابَهم في جوفِ، داخلِ الكعبةِ، لكي يجعلوا شرهُم هذا مقدَّساً فلا يخالفه أحدٌ منهم، وظلوا على هذا الحالِ من العامِ السابعِ من البعثة، حتى العامِ العاشرِ منها، حينَ سلطَ اللَّهُ الأرضةَ ـ حشرة تأكلُ الورقَ ـ[1] على كتابهِم فأفنتهُ، وخففَ اللَّهُ عن المسلمين، فخرجوا من شعبِ أبي طالب حيثُ حبستهم قريشٌ بين الجبالِ، وخرجَ أبو بكرٍ معهم، ثم إن الرسولَ رأى ما يصيبُ أصحابه من البلاء وأنه لا يقدر على حمايتهم[2] .

## أمر الرسول لأصحابه بالهجرة.

قال الرسول لأصحابه:

– لو خرجتم إلى أرض الحبشة فإن بها ملكاً لا يظلمُ عنده أحدٌ، وهي أرضُ صدقٍ، حتى يجعلَ اللَّه لكم فرجاً مما أنتم فيه.

ينصح الرسولُ العظيمُ صحابتهُ بالخروجِ من مكةَ حيثُ يعذبونَ، ويضطهدون، ويمنع عنهم الطعام والشراب، ينصحُهم بالهجرة إلى الحبشة لأن بها حاكماً لايقبلُ أن يظلمَ أحدٌ لديه، حتى يخففَ اللَّه عنهم ما هم فيه، ويأتيهم الفرج.

---

١– فقه السيرة – محمد سعيد البوطي – ص ص ٩٣ – ٩٤.

٢– فقه السيرة – محمد سعيد البوطي – ص ٩٨.

فكانت هجرةُ الصحابةِ الأولى إلى الحبشةِ، وكانَ في مقدِّمةِ المهاجرين: عثمانُ بنُ عفانُ وزوجتُه، السيدةُ رقيةُ بنتُ رسولِ اللَّهِ وغيرُهما.

## أبو بكر يستأذن في الهجرة.

واستأذنَ أبو بكرٍ الرسولَ في الهجرةِ، فأذنَ له، فتركَ مكةَ، وسارَ يوماً أو يومين، حتى قابلَه رجلٌ من المشركين اسمُه: ابنُ الدغُنَّة وكانت لهُ مكانةٌ عظيمةٌ في مكةَ، فسألَ أبا بكرٍ:

- إلى أينَ تذهبُ؟

فأجاب أبو بكرٍ:

- أخرجني قومي وآذوني، وضيَّقوا عليَّ في الرزقِ(١).

تعجبَ ابنُ الدغُنَّةَ من حديثِ أبي بكر عجباً شديداً، لمعرفتهِ بأخلاقهِ الحسنةِ، ومزاياه الرفيعةِ، ومعاملتهِ الكريمةِ لجميعِ الناسِ، فقال له:

ولِمَ؟ فو اللَّه إنّكَ لتزينُ العشيرةَ، وتعينُ على النوائبِ، وتفعلُ المعروفَ. وتكسبُ المعدوم، ارجع فأنت في جواري.

---

١- السيرة النبوية -ابن هشام- جـ٢ ص١٦.

## عودةُ أبي بكرٍ إلى مكة.

عادَ أبو بكرٍ مع ابنِ الدغنةَ حتى إذا دخلا مكةَ قامَ ابنُ الدغنةَ في الناسِ خطيباً فقال:

- يامعشرَ قريشٍ إني قد أجرتُ ابنَ أبي قحافةَ، فلا يعرضُ له أحدٌ إلا بخير.

أعلنَ ابنُ الدغنة حمايتهُ لأبي بكرٍ فتوقفَ المشركون عن أذى أبي بكرٍ لأن واحداً منهم قد حماه، ولم يراعوا اللَّه فيه، فيكفُّوا عن أذاه، خوفاً من ربِّ البشر، توقفَ المشركون عن أذى أبي بكر ولكن هل يتوقفُ أبو بكر نفسهُ، فيكفَّ عن الدعوة إلى ربه؛ لأنه يطلبُ استمرارَ السلامةِ، والحمايةِ لنفسه؟، أو ليبتعدَ عن أذى المشركين، أو حرصاً على حمايةِ رجالٍ منهم .. هل يفعلُ أبو بكرٍ ذلك؟ نعم لقد كاد يفارقُ مكةَ بما فيها من أهلٍ ومالٍ وتجارة لشدةِ ما يلاقيه من الأذى.

## أبو بكر يصممُ على مواصلةِ الدعوةِ إلى اللَّه.

كلُّ هذا لم يمنع أبا بكر من مواصلةِ دعوتهِ إلى اللَّهِ بطريقةٍ جديدةٍ، لم يعهدها من قبلُ، فلحساسيتِه الشديدةِ، ورقتهِ، وإيمانهِ بربه، وهو الذي تلقى هذا الإيمانَ من خلالِ قربهِ من الرسولِ، كان أبو بكر يستشعرُ عظمَ كلامِ ربه،

حينَ يقرأ القرآنَ الكريمَ فيخشعُ قلبُه، كلّما قرأ آيةً تذكرُ الناسَ بمصيرهِم يومَ القيامةِ النعيمُ الذي سيلقاه المطيعون، والعذابَ الذي ينتظرُ العاصين.

وكان مكانُ تعبدهِ مسجداً جعله عند باب داره في بني جمح؛ وهذه هي الحيلةُ والاجتهادُ في الحقِّ، فهوَ يدعو ربَّه عملياً، يدعوه بصلاته وقراءته القرآن الكريم، فكان يبكي، وكان الصبيانُ، والعبيدُ، والنساءُ يتعجبونَ ويجتمعونَ حولَ داره، يستمعون قراءتَه، يتأثرون ببكائه.

## قوةُ الحقِّ رغمَ كثرةِ المشركين:

ذهبَ وفدٌ من قريشٍ إلى ابن الدغنة فقالوا له:

إنكَ تحمي أبا بكرٍ لكي يؤذينا، إنه رجلٌ إذا قرأ القرآن أو صلى يرقُّ، ومعَ ما له من هيئته - مظهرٍ جميل مؤثر - فهو يجيدُ قراءةَ القرآن بطريقةٍ مؤثرةٍ، ونحنُ نخافُ على صبياننا، ونسائنا وأطفالنا أن يغيرَ دينَهم.

صناديدُ الكفرِ يشكونَ أبا بكرٍ لأنهُ يجيدُ قراءة القرآن الكريم فيجتمعُ على صوتهِ الناسُ، إنهم لايشتكون من هيئته الحسنةِ في الحقيقةِ إنما هم يخافون ضعفَهم أمامَ الحقيقةِ، فهذا القرآنُ يفضحُهم، وهم يشعرونَ في داخلِ أنفسهِم بأنَّه الحقُّ، وأبو بكرٍ بصوته الجميل الأخاذ يحسنُ قراءةَ كلامِ اللّهِ وهم يخافونَ منه، هذا موقفٌ يدلُّ على ضعفِ مشركي مكة رغمَ كثرةِ

عددهم، ضعفاءُ أمامَ حسنِ وجودةِ، أحكامِ كلامِ اللَّهِ، بخاصةٍ إذا ما نطقَ به صوتٌ مؤمنٌ يفهمُ معانيه جيداً، ويجيدُ تلاوتَه.

ختمَ أعضاءُ الوفدِ كلامَهم قائلين:

- فاذهب إليه، فأمره أن يدخلَ بيتهَ، فيفعلَ فيه ما يريدُ.

فمشى ابنُ الدغنةَ إليه فقالَ له:

يا أبا بكرٍ إنني لم أجركَ - أحمِكْ - لتؤذيَ قومكَ، فهم قد كرهوا المكانَ الذي تقرأُ فيه القرآنَ، وتصلي، وتأذَّوا منه، فادخل بيتكَ، فاصنع فيه ما أحببتَ.

## أبو بكرٍ يختارُ ردَّ الجوارِ على دخولِ داره.

شعرَ أبو بكرٍ بأنَ حمايةَ ابنِ الدغنةَ له سوفَ تحولُ بينهُ، وتمنعهُ من أداءِ فروضِ دينهِ، من صلاةٍ، وقراءةٍ للقرآنِ كما يجبُ، فبادرَه - بدأ - بقولِ ما كانَ يريدُ ابنُ الدغنةَ قولَه:

- أو أردُّ عليكَ جوارَكَ وأرضى بجوارِ اللَّه؟

لا ينتظرُ حتى يكملَ ابن الدغنةَ كلامَه، ولا يأخذَ وقتاً ليفكرَ فيما يقولُ، ثم يقارنَ بين الموقفين، ويختار، إنما هو يكمل له كلماته، إنَّ ابن الدغنةَ يريدُ أن يقولَ له إما أن يدخلَ داره فيصليَ فيها ويقرأَ القرآنَ كما

يريد، أو يرد، يسحب، حمايتَه له، أكملَ له أبو بكر الجملةَ، ففهمَ الرجلُ أنه يختار أداءِ عبادة ربه على الوجهِ الذي تستريحُ به نفسه، ولايتحكمُ فيه أحدٌ، حتى إِن كانَ هو مَنْ يحميه.

وعليه فقد ردَّ أبو بكر، ورفضَ حمايةَ ابنِ الدغنة له .

## قريشُ تعودُ إلى تعذيب أبي بكر.

وجدتها قريشٌ فرصة لاستئنافِ تعذيبِ أبي بكرٍ الذي رفضَ حمايةَ مشركٍ له، واكتفى بحمايةِ ربه الذي يعبدهُ، ويريدُ منه ابن الدغنَّة أن يعبدهَ داخلَ داره، لم يحترمِ المشركون مبدأ أبي بكر؛ لأنه لم يكن لديهم مبادئ يحافظون عليها.

لقيَ أحدُ السفهاءِ أبا بكر وهو واقفٌ يعبدُ اللَّه عند الكعبةِ، فأخذَ الترابَ وملأَ كفيهِ به وصار يضعُه على رأسه، وأبو بكر مستمرٌّ في عبادتِه، ومناجاتِه لربه، فمرَّ به أحدُ كبارِ المشركين فقالَ أبو بكر له :

- ألا ترى إلى مايصنعُ هذا السفيهُ؟

فقال العاصُ بنُ وائل أو الوليدُ بنُ المغيرة فأحدهما هو الذي مرَّ بأبي بكر:

- أنتَ فعلت ذلك بنفسِك .

يدَّعي هذا المشركُ الأحمقُ أن أبا بكرٍ هو الذي فعلَ ذلك بنفسهِ، لأنه آمنَ ، وحسنَ إيمانهُ، فردَّ أبو بكر:

- أي رب، ما أحلمكَ، أي رب ما أحلمكَ، أي رب ما أحلمكَ[١] .

يتعجبُ أبو بكر من حلمِ اللّهِ وصبرهِ على هؤلاءِ المشركينَ الذين قلبوا الحقائقَ، وادعوا وهم المفسدون أنهم على صوابٍ، واستمرَّ أبو بكر في عبادته للّه بعد سيْر هذا المشرك، مثلما ظل على حسن إيمانه لم يرهبه أذى .

٣- السيرة النبوية -ابن هشام- جـ٢ - ص١٧ .

# الفصل الثالث

# الصـــدِّيقُ

## عامُ الحزنِ.

قدرَ اللَّهُ لأبي بكر ألا يكونَ ضمنَ المهاجرين إلى الحبشةِ، فعادَ إلى مكةَ، ليكونَ إلى جـوارِ الرسولِ يساندُه، وكـذلكَ كـانتِ السـيدةُ خـديجـةُ بنتُ خويلد زوجُ الرسولِ تخففُ عنه مايلاقيه من أذى المشركينَ، وتكذيبهِم له، أما أبو طالبٍ عم الرسولِ فـقـد أعلنَ حـمـايتَه له، وكـانت قـريشٌ تـهـابُ أبا طالبٍ .. فأخذت تحاولُ ترضيتَه حتى تخلصَ إلى الرسولِ فلم تستطع، ثم إنهـا قاطعتهُ هو وبني هاشمٍ، فلم يتراجع عن حـمـايةِ الرسولِ، وبقيَ – صلى اللَّه عليه وسلم– على موقفه، ثابتاً في الحقِّ حتى مرت عشرُ سنواتٍ من عمرِ الدعوةِ الإسلاميةِ[١] ، وفي هذا العامِ فقدَ فيه الرسولُ السيدةَ خديجةَ ففقدَ الزوجةَ المخلصةَ، ثم قدرَ اللَّهُ أن يفقدَ في العام نفسه عمَّه أبا طالب، ففقدَ النصيرَ الذي كـانَ يدفعُ عنه ضررَ المشركين، لذلك سمى الرسولُ ذلك العامِ عامِ الحزنِ لشدةِ ما عانى فيه من الشدائدِ .

## المشركون ينتهزون الفرصةَ.

انتهزَ المشركون الفرصةَ كعادتهِم، ووجدوا الطريقَ ممهداً، فأبو طالب

---

١– فقه السيرة –محمد سعيد البوطي– ص١٠٥ .

الذي كانت تخافُه قد ماتَ، فنالت قريشٌ من الرسولِ ما لم تكن تطمعُ في حياةِ أبي طالب، حتى إِن أحدَ السفهاءِ لقيه، فنثر على رأسه الترابَ.

فدخلَ الرسولُ بيتَه، فقامت إِحدى بناتِه، فجعلت تغسلُ عنه الترابَ وهي تبكي، والرسولُ يقولُ لها:

«لاتبكِ يا بنية فإِنَّ اللَّهَ ناصرٌ أَباك».

ينهى الرسولُ ابنتَه أن تبكيَ لأنه يعلمُ أنه إِن كان أبو طالبٍ قد ماتَ، وإِن كانت قريشٌ قد انتهزتِ الفرصةَ، فإِن اللَّهَ باقٍ وهو ناصرٌ رسولَه رغمَ كيدِ المشركين.

## الرسولُ يلجأ إلى أهل الطائف.

ولما اشتَّد الأذى بالرسولِ، لجأَ إِلى أهلِ الطائفِ لعلهم ينصرونَه، لكنَّهم فاجؤوه بما لم يكن يتوقَّعُ من الغلْظَةِ، وقسوةِ الردِّ، بل وحرَّضوا سفاءهم، وعبيدَهم يسبونَه ويصيحونَ وراءه، وأخذوا يرمونَه بالحجارةِ، حتى أن رجلي الرسولِ الشريفتين قد أدميتا[1]، فدعا الرسولُ ربَّه قائلاً:

«اللهم إِني أشكو إِليكَ ضعفَ قوتي، وقلةَ حيلتي، وهواني على الناس، يا أرحمَ الراحمين أنتَ ربُّ المستضعفينَ وأنتَ ربي. إِلى مَنْ تكلني؟ إِلى

١- طبقات ابن سعد -الجزء الأول- ص١٩٦.

بعيد يتجهمني، أم إلى قريبٍ ملكتهَ أمري، إن لم يكن بكَ غضبٌ عليَّ فلا أبالي»[1] .

يشتكي الرسولُ إلى ربِّه، أنه لم يرد بقومِه إلا الرشادَ، لكنهم لم يستجيبوا له، وعادَوه وهو الضعيفُ، قليلُ الحيلةِ، إلا إذا تداركته رحمةُ ربِّه، فلا أحدٌ يستطيعُ أن يقربَه إذا نصرَه.

أراد اللّهُ أن يخففَ عن رسوله، ويريَه النعيمَ العظيمَ الذي أعدَّه له، أرادَ اللّهُ له أن يشاهَد مكانتَه لديه، ومكانةَ مَنْ يعذبونَه، ويقفونَ ضدَّ دعوتِه، فكانت رحلةُ الإسراءِ والمعراجِ.

أتى جبريلُ الرسولَ ومعه البراقُ وهو دابةٌ -حيوانٌ- بينَ الحصانِ والحمار، فركبه حتى المسجدِ الأقصى، حيثُ جمعَ اللّهُ له الأنبياءَ والرسلَ، فصلى بهم ركعتين، ثم صعدا إلى السماواتِ العلا، حتى وصلَ الرسولُ إلى مكانةٍ لم يصل إليها أحدٌ من الخلقِ، هنالكَ عاينَ الرسولُ بنفسهِ، سمعَ وأبصرَ ما خفف عنه.

## تكذيبُ المشركين لحديث الرسول عن رحلة الإسراء والمعراج.

ولما عادَ الرسولُ إلى مكةَ في الليلة نفسها بقدرةِ اللّهِ، جمعَ قريشاً فأخبرَها بأمر رحلتِه، فقالَ أكثرُ الناسِ إن هذا لأمرٌ عجيبٌ، فهم يذهبونَ إلى

---

١- السيرة النبوية -ابن هشام- الجزء الثاني ص٤٨.

بيتِ المقدسِ، في شهرٍ، ويعودونَ في شهرٍ آخر، راحَ المشركونَ يستهزئون ويسخرونَ، بل إِن بعضَهُم أخذَ يشككُ بعضَ ضعفاءِ الإيمانِ من المسلمينَ في نبوةِ سيدنا محمدٍ، وأسرعَ البعضُ إلى أبي بكرٍ فهم يعلمونَ أنه صاحبُ الرسولِ، وحبيبهِ.

**ردٌ حكيمٌ.**

قالوا له:

- هل تصدقُ مايقولهُ صاحبكَ اليومَ؟ إِنه يزعمُ أنه قد ذهبَ إِلى بيتِ المقدسِ، فصلَّى فيه، وعادَ إِلى مكةَ في ليلةٍ واحدةٍ.

فقالَ أبو بكرٍ:

- إِنكم تكذبونَ عليه.

قالوا:

- بل لقد قالَ ذلك، وها هو في المسجدِ يخبرُ الناسَ.

فقال أبو بكرٍ على الفور:

- واللَّه لئن كانَ قاله لقد صدقَ.

خيبَ أبو بكر أملَهم، وأعادَهم ناكسي الرؤوسِ، وأشعرَهم بالخجلِ، فقد جاؤوا إِليه وهم يظنونَ أنهمُ سوفَ يستطيعونَ التفرقةَ بينَ الرسولِ وأبي بكر،

فشلَ هدفُهم، إذ أعلنَ أبو بكر تصديقَه للرسولِ، وشعروا بالمهانةِ، فأبو بكر يؤجلُ تصديقه، ويرجئه ، بقوله:

لئن كان قالَه لقد صدقَ..

فهوَ مصدقٌ لقولِ الرسولِ لكنَّه يشكُّ فيهم، والأمر لديه أنَّ الرسولَ صادقٌ، وهم الكاذبون، لذا يحذرهم، ويقسمُ على صدقِ الرسولِ.

أضافَ أبو بكرٍ:

– فما يعجبُكم من ذلك! فواللَّهِ إنه ليخبرني أن الخبرَ، الوحيَ، ليأتيَه من السماءِ إلى الأرضِ في ساعةٍ من ليلٍ أو نهارٍ فأصدقُه، فهذا أبعد مما تعجبونَ منه.

يقولُ أبو بكرٍ لهم: لماذا تتعجبونَ من ذهابهِ إلى بيتِ المقدسِ، وعودتهِ في ليلةٍ واحدة، وهو الذي يخبرني بالوحي يأتيه من السماءِ إلى الأرضِ في ليل أو نهار فأصدقُه، وليس ذهابُه إلى بيتِ المقدسِ وعودتهُ في ليلةٍ واحدةٍ بأبعدَ من هذا .

## الصدِّيقُ.

أسرعَ أبو بكرٍ إلى المسجدِ، وهناكَ لقي الرسولَ فقالَ له:

– يا نَبيَّ اللَّهِ، أحدثتَ هؤلاءِ القومِ أنكَ جئتَ بيتَ المقدس هذه الليلة؟

قال الرسول:

- نعم.

قال أبو بكر:

- يا نبيَّ اللَّهِ، فصفه لي، فإني قد جئتُه.

يتأكدُ أبو بكرٍ من صحةِ الحديثِ الذي نقلهُ إليه المشركون ويسأل عن أوصافِ المسجدِ الأقصى، فلقد سبقَ له أن زاره، فأخذَ الرسولُ يصفُه له كأنه فيه، وكانَ اللَّهُ قد رفعَه له، أظهرَهُ، وكلَّما وصفَ الرسولُ جزءاً من المسجد قالَ أبو بكر:

- صدقتَ، أشهدُ أنكَ لرسولُ اللَّه.

فلما انتهى الرسولُ من وصفهِ قالَ الرسولُ لأبي بكر:

- وأنتَ يا أبا بكر الصدِّيقُ[1].

ومن ذلك اليوم، صارَ هذا اللقبُ الجميلُ ملازماً لأبي بكر، لتصديقهِ الرسولَ في موقفٍ كانَ فيه أهلُ مكةَ بينَ مشركٍ يتندر، أو مسلمٍ مصدقٍ في صمتٍ، أو مسلم حائر، أو صامت لا يدري بِمَ يجيبُ، يأتي موقفُ أبي بكر واضحاً، قاطعاً، حازماً، يدلُّ على إيمانٍ وثقةٍ لا حد لهما.

لكن هذا الموقفُ غيرُ غريبٍ على أبي بكر، أن يصدر منه، وهو الذي

---

١- السيرة النبوية -ابن هشام- الجزء الثاني ص٣٤.

آمن بالرسول فورَ علمهِ ببعثته، غير مستغربٍ من الرجلِ الذي لم يتمهل، ولم يتردد وإنما آمنَ على الفور..

## الرسول يعرض نفسَه على القبائلِ.

في موسمِ الحجِّ كانتِ العربُ تأتي من كلِّ مكانٍ إلى مكةَ، تحجُّ إلى الكعبة، وتتقرب إلى الأصنام التي تحيط بها، وكانَ الرسولُ ينتظرُ هذه الأيامَ كي يدعوَ القبائلَ إلى الدخولِ في الإسلامِ، فلعلَّ بعضَهم يصدقُه، وينصُره، فيتركَ مكةَ، فيكونُ فتحاً ونصراً لدينِ اللَّهِ في مكانٍ جديدٍ.

ولما أرادَ اللَّهُ إظهارَ دينه لقيَ الرسولُ في العامِ الحادي عشر من بعثتهِ جماعةً من الخزرجِ[١]، جاؤوا من يثربَ، دعاهم الرسولُ إلى الإسلامِ فأبدوا استجابةً، وأخبروه بأنهم سيعرضونَ الأمرَ على قومهم فإن أبدوا استجابةً استقبلوهُ في بلدِهم، ثم ودعوا الرسولَ بعدما تواعدوا على اللقاءِ في العامِ القادم[٢].

وفي العامِ الثاني عشر من البعثة، وفي موسمِ الحج تمت بيعةُ العقبة الثانية بينَ الرسولِ وثلاثةٍ وسبعينَ رجلاً وامرأتين من أهل يثرب، وقد اتفقوا على هجرةِ الرسولِ من مكةَ إليهم، وأن يحيى بينهم، فيكونَ له ما لهم، وعليه ما

---

١- فقه السيرة -محمد سعيد البوطي ص١٢٣، ص١٣٠.

٢- سيرة ابن هشام جـ٢ ص٨٠.

عليهم، أي يشاركهم في جميعِ أمورهِم من حربٍ وسلمٍ، وجمعَ الرسولُ صحابتهُ فقالَ لهم:

- إنّ اللّه عزَّ وجلَّ قد جعلَ لكم إِخواناً وداراً تأمنونَ بها.

فخرجَ الصحابةُ جماعاتٍ وراءَ جماعاتٍ مهاجرين إِلى يثربَ. بينما انتظرَ الرسولُ في مكةَ إِلى أن يأذنَ اللّه له.

# الفصل الرابع
# الهجرة

## بقاءُ أبي بكر في مكة.

كانَ أبو بكر كلما استأذنَ الرسول في الهجرةِ، قالَ له:

– لا تعجل فعلَّ اللَّه يجعلُ لكَ صاحباً[١] .

فبقي في مكةَ عملاً بأمرِ الرسولِ، وبقيَ معه علي بنُ أبي طالب.

## أمنية أبي بكر.

منذ استمعَ أبو بكر إلى إجابةِ الرسولِ، وأمره له بالبقاءِ في مكةَ، وعلمَ أنَّ اللَّهَ قد يجعلُ له صاحباً يهاجرُ معه، منذ سمعَ أبو بكر ذلك وهو يطمحُ في أن ينالَ شرفَ الصحبةِ، فيرافقَ الرسولَ في هجرتهِ، لذلك أسرعَ فاشترى ناقتين، وحبسَهما في دارهِ، وأخذَ يطعمهُما، ويسقيهما استعداداً للهجرة في أي وقت.

## قريشُ تمكرُ بالرسولِ.

أحسَّ كفارُ مكةَ بقربِ خروجِ النبيِّ من بلدهِم، خافوا أن يذهبَ إلى بلدٍ آخر فينتشرَ دينُه، ثم يعودَ إليهم مرةً ثانية، لذلك دبَّروا خطةً ظنوها

١– السيرة النبوية –ابن هشام– جـ٢ – ص٨٩.

محكمةً لقتله، لكنَّ اللّه أعلمَ رسوله بمكرهم، وبأنهم جمعوا من جميع القبائل فصار لديهم أربعونَ شاباً قوياً، وقفوا عند باب بيته ينتظرون خروجَه كي يضربوه بالسيف ضربةً واحدةً، فلا تستطيعُ بنو هاشمٍ تحديدَ قاتله، نجا الرسولُ بإذنِ ربِّه من كيدهِم، بعدمَا أمرَ عليَّ بنَ أبي طالب بالنومِ في فراشهِ، وخرجَ فنثرَ على رؤوسهمُ الترابَ، وقرأ آياتٍ من القرآنِ عليهم، فناموا، ولما استيقظوا، نظروا من خلالِ فرجةٍ بالباب فرأوا علياً نائماً فظنوه الرسول.

## زيارة في وقت غير متوقع.

أما الرسولُ فقد خرج من بينهم سالماً، وسارَ حتى دارِ أبي بكر في ميعادٍ مختلفٍ عن المواعيدِ التي كان يزورُه فيها، في ساعةِ اشتدادِ الحرارةِ، وقال أبو بكر حينَ رأى الرسولَ قادماً:

- ما جاءَ رسولُ اللّه في هذه الساعةِ إلا لأمرٍ حدث.

يقولُ أبو بكر إنَّ الأمرَ الذي جعلَ الرسولَ يزورُه في هذا الوقتِ، هو أمرٌ عظيمٌ، فلمَا دخلَ الرسولُ، تأخرَ له أبو بكرٍ عن سريرِه، وهذا من شدةِ احترام أبي بكر للرسولِ، جلسَ الرسولُ وتحكي عائشةُ - وقد كانت موجودةً وإن كانت صغيرةً - أنه لم يكن بالدارِ غيرُها وأختُها أسماء.

قالَ الرسولُ لأبي بكرٍ:

- أخرج عني مَنْ عندُك.

قال أبو بكر:

إنما هما ابنتايَ، وماذاكَ؟ فداكَ أبي وأمي.

يحتاطُ الرسولُ فيخبرهُ أبو بكرٍ أنهما ابنتاه، هما الحاضرتان، ثم يتساءل عن هذا الأمرِ المهمِّ الذي جعلَ الرسولَ يزورُه في هذا الوقتِ، ويطلبُ أن يخرجَ مَنْ معهما، فأجابهَ الرسولُ.

- إنَّ اللَّه قد أذن لي في الخروجِ والهجرةِ.

فقالَ أبو بكرٍ:

- الصحبةَ يا رسولَ اللَّه.

فقالَ الرسولُ:

- الصحبة.

يخبرُ الرسولُ أبا بكرٍ أن اللَّهَ قد أذنَ له في الخروجِ من مكةَ، والهجرةِ إلى المدينةِ، فأسرعَ أبو بكرٍ يطلبُ من الرسولِ أن يصحبَه في هذه الرحلةِ المباركةِ، فوافقَه الرسولُ على قولهِ، وتروي عائشةُ عن فرحةِ أبيها ساعةَ أن سمعَ رد الرسولُ فتقول:

- فواللَّهِ ماشعرتُ قطُّ قبلَ ذلكَ اليومِ أن أحداً يبكي من الفرحِ، حتى رأيتُ أبا بكرٍ يبكي يومئذ.

اعتادت عائشة أن ترى الدموعَ في أعينِ الناس لشدةِ حزنِهم، ولكنَّها اليوم تَرى الدموعَ في عينِ أبيها، ليست دموع الحزن، ولكنها دموعُ الفرحِ الشديدِ، تشاهدُ للمرةِ الأولى أحداً يبكي من شدةِ الفرحةِ، إنه أبو بكر حينهَا علمَ أنه مهاجرٌ ومع مَنْ؟ مع صاحبهِ وحبيبهِ الرسولِ العظيمِ.

تمالكَ أبو بكر نفسَه، وكفكفَ دموعَ الفرحةِ، وقالَ:

- يا نبيَّ اللَّهِ، إنّ هاتينِ راحلتينِ ناقتين صالحتان للسفرِ عليهما كنتُ قد أعددتُهما لهذا.

## بدء رحلة الهجرة.

خرجَ الرسولُ وأبو بكرٍ من خوخةٍ، فتحة، في ظهرِ بيتِ أبي بكر حذراً وحيطةً من المشركين، ومع أنَّ الرسولَ يعلمُ أن اللَّهَ ناصرُه وحاميه، وأنه -عز وجل- خاذلُ المشركين، ورادٌّ كيدَهم عليهم، إلا أنه لا يقصر، فيعدُّ الخطةَ المحكمةَ، ثم ينفذُها بحذرٍ وإتقانٍ، وينتظرُ من اللَّهِ التوفيقَ والنجاحَ بعد ذلك.

قررَ الرسولُ أن يسيرا إلى المدينةِ عبر طريقٍ موازٍ للبحر الأحمر، ولذلك لزمهما مرشدٌ يعرفُ الطريقَ جيداً، لذا فقد استأجرَ عبدالله بنَ أريقط كي يرشدهما إلى الطريق، ورغمَ أنَّ ابنَ أريقط كانَ كافراً، إلا أنه كانَ أميناً، لذلكَ استعانَ به الرسولُ وسارَ الركبُ الرسول وأبو بكر والدليل.

## الاضطراب الذي أصاب قريشاً حينما علمت بأمر الهجرة.

لما طالَ الوقتُ بالشبابِ الأربعين المنتظرينَ خروجَ الرسولِ من بيتهِ ليقتلوه، كما خططت لذلك قريشٌ، اقتحموا بابَ بيتِ الرسولِ على النائمِ في فراشهِ، فلما كشفوا عنه الغطاءَ اكتشفوا أنه عليٌّ بن أبي طالب الغلام الصغير، وكان عمره عشرين سنة، وأن الرسولَ ليس في داره، أين ذهب؟ أخذُ الكفارُ يبحثون، وحينما تأكدوا من خبرِ خروجِ الرسول من مكةَ مهاجراً، تأكدوا بعدَما لم يجدوا الرسول في المسجدِ، أسرعوا إلى دار أبي بكرٍ، فلما وصلوا إليه، تروي السيدةُ أسماءُ، ما حدث فتقولُ: إن أبا جهلٍ سألهَا:

- أينَ أبوك؟

فقالت:

- لا أدري.

فلطمَها أبو جهلٍ على خدِّها لطمةً أسقطت قرطَها - «حلَقَها» - وكانتِ العربُ تَعُدُّ ضربَ النساء خطأً كبيراً، لذا وصفته أسماءُ بأنه: كان فاحشاً خبيثاً(١).

كانتِ السيدةُ أسماءُ وقتَها صبيةً صغيرةً، مثيلاتهَا يلعبنَ ويمرحنَ، ولم

١- الكامل في التاريخ -ابن الأثير- جـ٢ ص١٠٤.

يجد معهَا تخويفُه، وكانت الشجاعةُ الصلبةُ على حداثةِ سنِّها، وكيفَ لا تكون وهي ابنةُ أبي بكرٍ الصديق؟!

## فشلٌ ذَرِيعٌ.

وعادَ أبو جهلٍ ومَنْ معهُ فاشلين، لم يستطع واحدٌ منهم معرفةَ اتجاه الرسولِ وذلك بسببِ حيطتهِ الشديدةِ، وحذرهِ.

## قريشُ تخصصُ جائزةً لمَنْ يأتيها بخبرٍ عن الرسول.

جمعت قريشٌ قوتَها، خصصت جائزةً كبيرةً لمن يأتيها بخبرٍ عن الرسولِ وصاحبهِ، وراحَت تنشرُ جواسيسَها في كلِّ مكانٍ، لعلَّها تمنعُ الرسولَ وأبا بكرٍ من مغادرةِ مكةَ إلى غيرِها من المدن، ازداد شعورُهم بأن مبادئ الإسلامِ كافيةٌ لكي تجمعَ غيرَهم حولَ الرسولِ، وأنهم ما رفضوا دعوتَه إلا لعيبٍ في أنفسهِم، وأنه ما من عاقلٍ يعادي ما جاءَ به الرسولُ.

## في غارِ ثورٍ.

أسرعَ الرسولُ وأبو بكرٍ في السيرِ حتى وصلا إلى غارٍ يسمى غار ثورٍ فدخلاه، عازمين على البقاءِ فيه بعضَ الوقتِ ريثما يهدأ الطلب وراءهما وأمر أبو بكر ابنه عبدَاللَّه أن يستمعَ إلى مايقوُله المشركون عنهما طوالَ النهار، وما يتناقلونه من أخبارِهما، ثم ينقل إليهما حديثهم ليلاً. ولمعرفةِ

مايفكرُ فيه العدوُّ من الأمورِ المهمةِ حتى يحسْنَ التخطيط لمواجهةِ كيدهِ والابتعادِ عنه.

لم يترك أبو بكر فرصةً لقريشٍ كي تصلَ إلى مكانهما، كان يعرف أنَّ المشركين ماهرونَ في تتبعِ الأثرِ معرفةَ الاتجاهِ الذي سارَ فيه المسافرُ في الصحراءِ من أثرِ نعليه أو أثر خفِّ ناقتِه على الرمالِ، فأمرَ مولاه -خادمَه- عامرَ بنَ فهيرة أن يسيرَ بغنمِه خلفَ من يأتي إليهما.

كذلك كلفَ أبو بكر ابنتَه الصغرى النشيطةَ الذكيةَ أسماءَ بأن تجيء إليهما بالطعام كلَّ مساءٍ، تقولُ أختُها عائشةُ إنهُم قد جهَّزوها بالطعامِ، فقطعت جزءاً من نطاقها - حزامها- فربطت به الطعامَ في ناحيةٍ، والشرابَ في أخرى، فسميَت ذاتُ النطاقين(١).

## معجزة أمام الغار.

انطلقَ المشركون في جميع الاتجاهات، يبحثونَ في كلِّ مكانٍ، حتى وصلوا إلى الغار الذي دخلَه الرسولُ وأبو بكر، فسمعا صوتَ أقدامِ المشركين، تنتشرُ، فهمسَ أبو بكر يحدثُ الرسولَ في خوفٍ قائلاً:

- لو نظرَ أحدُهم تحت قدمهِ لرآنا.

---

١- الكامل في التاريخ -ابن الأثير- جـ٢ ص١٠٥.

فالخطرَ شديدٌ، يكفي أن ينظرَ أحدُ المشركين إلى أسفلِ قدميه ليبصرَ الرسولَ وصاحبه، أجابه الرسولُ في سكينةٍ:

– يا أبا بكر ما ظنك باثنين اللَّه ثالثهُما[1] .

يطمئنُ الرسولُ أبا بكرٍ، فإنهما وإن كانا اثنين فإنَّ اللَّه ثالثهُما، فهو معهما يحميهما، ويدفعُ عنهما كيدَ المشركينَ، فكيفَ يستطيعُ أحدُهم أن يمدَّ يدَه إليهما بالأذى؟!

وحدثت المعجزةُ، إذ أعمى اللَّهُ أبصارَ المشركين فلم يستطع أحدُهم أن ينظرَ فيراهما بداخل الغار، وبقيا فيه ثلاثةَ أيام.

## خروجِ الرسول وأبي بكرٍ من الغارِ.

ثم خرجَ الرسولُ وأبو بكر من الغارِ بعدما اطمأنَّ إلى انصرافِ المشركين، قرَّبَ أبو بكر إلى الرسولِ أفضلَ الناقتين اللتينِ كانَ قد أعدَّهما لهذا اليوم، ثمَّ قالَ:

– اركب فداكَ أبي وأمي!

فقالَ رسولُ اللَّه:

– إني لا أركب بعيراً ليس لي.

---

١– فقة السيرة –محمد سعيد البوطي– ص١٤٠.

يريدُ أبو بكر من الرسولِ أن يركبَ، ويرفضُ الرسولُ أن يركبَ ناقةً ليست له..

قال أبو بكر:

-هي لكَ يا رسولَ اللّه بأبي أنت وأمي!.

قال:

- لا ولكن ما الثمن الذي ابتعتها به - اشتريتها -.

قال أبو بكر:

- كذا كذا - ذكرَ أبو بكر الثمنَ الذي اشترى به الناقة. فقالَ الرسولُ:

- قد أخذتُها منك.

فقال أبو بكر:

- هي لكَ يا رسول اللّه(١) .

رغمَ الصحبةِ بينَ أبي بكرٍ والرسولِ، إلا أنَّ الرسولَ أحبَّ ألا يستخدمَ ناقةَ صاحبه قبلَ أن يعرفَ ثمنهَا، كي يشريها، وفي هذا درسٌ عظيمٌ، فرغمَ الصداقةِ ينبغي أن يعليَ المتصادقون من صداقتها عن الأمورِ البسيطةِ مثلَ المالِ وغيرهِ، حتى لا تدخلَ شائبةٌ على جميلِ الصداقةِ.

---

١- تاريخ الطبري جـ٢ ص٣٨١.

## أبو بكر يُضَحِّي بماله.

أخذَ أبو بكر حينما هاجرَ كلَّ مالِه، وجاءَ أبو قحافةَ أبوه فدخلَ على ابنة ابنه أسماءَ فقال لها:

– واللَّهِ إِني لأراه قد فجعَكم بمالِه مع نفسِه.

كأنه يسألُ عن المالِ الذي أبقاهُ أبو بكر فيقولُ أحسبُه قد أخذ المالَ معه. قالت أسماءُ:

– كلا يا أبتِ ! إنه قد تركَ لنا خيراً كثيراً.

تنفي أسماءُ أن يكونَ أبوها قد أخذَ ماله كلَّه معه، وكان أبو قحافة جدُّها قد كُفَّ بصرهُ أصابه العمى. تقول أسماء:

– فأخذتُ أحجاراً فوضعتُها في كوة فتحةٍ في البيتِ الذي كان أبي يضعُ ماله فيها، ثم وضعتُ عليه ثوباً، ثم أخذتُ بيديه، قادته، فقلتُ: يا أبت، ضع يدكَ على هذا المال.

إن أسماءَ الذكيةَ تحتالُ لتطمئنَ جدَّها عليها وعلى أختِها عائشة وبقيةِ أهلها، تأتي بالحجارةِ فتضعُها بدلاً من المال، وتضعُ يدَ جدِّها عليها، فيظنها مالاً فيعلقُ قائلاً:

– لا بأس، إذا كانَ قد تركَ لكم هذا فقد أحسنَ.

صدَّقَ أبو قحافةَ أن ابنه قد تركَ مالاً، ومدحَ هذا الفعلَ منه، وانصرفَ، وتُعلِّقُ السيدةُ أسماءُ، قائلةً:

-ولا واللَّه ما ترك لنا شيئاً، ولكني أردتُ أن أسكِّنَ نفس الشيخِ بذلك[1].

تقولُ لم يترك أبوها لهم شيئاً، فقد أخذَ مالَه كلَّه في سبيلِ اللّهِ، ولكنَّها أرادت أن تهدِّئَ نفسَ جدِّها الكبيرِ، وفي تصرفها إيمانٌ شديدٌ باللَّهِ، إيمانُ ابنةِ أبي بكر، وكانت قد أسلمت بعد أبيها بفترةٍ قليلة[2]، وفيه رضىً وقناعةٌ أيضاً، فأسماء راضية بما لديها.

## سراقةُ يصل إلى الرسولِ وأبي بكر.

أما عن المهاجرينِ محمدٍ وأبي بكر فقد تركا غار ثَور بعدما أمضيا فيه ثلاثَ ليال، وأردف - جعله يسير خلفهما - أبو بكر عامر بن فهيرة ليخدمهما في الطريق، فساروا ليلتَهم، حتى إذا جاء الصباحُ ساروا حتى الظهر.

أحسَّ الرسولُ وأبو بكر بالتعبِ الشديدِ لطولِ سيرِهما، وحينَ شاهدا صخرةً طويلةً، أسرعَ أبو بكر فمهَّدَ المكانَ المناسبَ بجوارِها ليقيلَ الرسولُ، ينامُ قليلاً. والقيلولةُ هي النومُ وقت الظهرِ، راعى أبو بكر أن يكونَ المكانُ

١- السيرة النبوية -ابن هشام- جـ٢ ص٩٦.

٢- السيرة النبوية جـ١ ص٢٣٤.

الذي ينامُ فيه الرسولُ حيثُ يقعُ الظل، وهذا من حرصه الشديدِ عليه وعلى راحتهِ، ينامُ الرسولُ ويحرسُهُ أبو بكرٍ إنها التضحيةُ، تضحية أبي بكر، نشاهدُها في المواقف العظيمةِ الكبيرةِ، ونراها في حرصه الدائمِ على راحة الرسول.

كان سراقةُ بنُ مالكٍ من أنشطِ المشركينَ الذينَ يبحثونَ عن الرسولِ وأبي بكر، لأنه كان يطمُع في الجائزة التي جعلَتها قريشٌ لمن يأتي بهما.

وبالفعل وصل إليهما وهما في أرضٍ صعبة، فقالَ أبو بكر:

– يا رسولَ اللّهِ أدركَنا الطلبُ – أحدُ المشركينَ الذين يطلبوننا

فقالَ له الرسول :

– لا تحزن إن اللّهَ معنا.

دعا الرسول على سراقةَ، غاصت فرسُه إلى بطنها، وثارَ تنشر من تحتِها شيءٌ مثلُ الدخان. فرغمَ أن الأرضَ التي يسير عليها الرسولُ وأبو بكرٍ أرض جامدةً، إلا أن اللّهَ استجاب لدعاء رسوله، فغاصت أرجلُ جوادِ سراقةَ فيها حتى بطنِها، وانتشرَ حولهَا شيءٌ مثل الدخانِ يمنعهُ من الرؤيةِ، أحسَّ سراقةُ بالخطرِ الشديدِ، وأرادَ أن ينجوَ فقال للرسول:

– ادعُ يا محمد ليخلِّصني اللّهُ ولله عليَّ أن أردَّ عنك الطلب.

## الرسولُ يدعو لسراقة:

فدعا الرسولُ له، فنجا، لكنه عادَ يتبعهُم مرةً أخرى، فدعا عليه الرسولُ ثانية، فساخت ـ غاصت ـ قوائمُ أرجلِ فرسِهِ في الأرضِ أشدَّ من المرةِ الأولى، فقال:

- «يا محمد لقد علمتُ أن هذا من دعائِك عليَّ، فادعُ لي ولك عهدُ اللّه أن أردَّ عنك الطلبَ». فدعا له «الرسولُ» ثانيةً، فاقترب «سراقةُ» من «الرسولِ» وقال له:

- يا محمد خذ سهمًا من كنانتي، وإن إبلي بمكان كذا وكذا، فخذ منها ما أصبت. يعرضُ سراقةُ على الرسولِ المساعدةَ... فقال له الرسولُ:

- لا حاجةَ لي في إبلك.

لا يريدُ الرسول منه شيئاً، حتى إذا أراد سراقةُ أن ينصرفَ قال له:

- كيفَ بك يا سراقة إذا سُورتَ بسواري كسرى[١].

الرسولُ يبشرهُ بأنه سيلبسُ سواري كسرى، وهما درعان من ذهبٍ يلبسان في اليدين فيغطيان من المرفق حتى المعصم، وكان من علاماتِ ملكِ كسرى حاكمِ الفرس إحدى القوتين العظميين في ذلك الوقتِ.

---

١- الكامل في التاريخ -ابن الأثير- جـ٢ ص١٠٤، ص١٠٥.

قال سراقةُ:

- كسرى بنُ هرمز.

سراقةُ لا يكاد يصدقُ أذنيه، لذلك يكررُ اسمه كسرى، ثم ينسبه إلى أبيه، فقال الرسول:

- نعم

فعادَ سراقةُ فرحاً ببشارةِ الرسولِ له، وكان لا يقابلُ أحداً من الذين يسعونَ للعثور على الرسولِ وأبي بكر حتى يقول له:

- كفيتم ما هاهنا.

يعني أنه قد بحثنا في هذا الطريق فلم نجد أحداً، فليتركوه له فهو كفيل به، وهكذا ردَّ جميع الذين جاؤوا يبحثونَ عن الرسولِ وصاحبهِ.

## نصرٌ من اللّه:

كانَ بعضُ المهاجرين[١] والأنصارِ في يثربَ يتركون ديارَهم بعدَ مايصلُّونَ الصبحَ، منتظرين وصولَ الرسولِ، حتى تشتدَّ حرارةُ الجوِّ، فإن لم يروا ظلاً قادماً من بعيد يدلُّهم على مجيء رسولِ اللّهِ، دخلوا إلى بيوتهِم، كانوا ينتظرونَ حتى في الأيامِ الشديدةِ الحرارةِ، ولا يدخلونَ إلا بعدَ أن يخيلَ إليهم أن الرسولَ

---

١- السيرة النبوية -ابن هشام- جـ٢ ص٩٩.

لن يجيء، كانوا يفعلون هذا لشدة تشوقهِم إلى رسولِ اللَّهِ، حتى جاءَ يومٌ .. دخلوا فيه بيوتَهم بعد ما ظنوا أن الرسولَ لن يجيء اليومَ، فإذا بأحدِ اليهودِ يناديهم، فيخرجونَ ليروا رجلين يسيران، وكلاهما في مثل سن الآخر، فازدحمَ عليهمَا الناسُ، وما يعرفونَ أيُّهما الرسولُ وأيُّهما أبو بكرٍ حتى زال الظلُّ عنهما، قامَ أبو بكر فأظلَّ الرسولَ بردائه فعرفهُ الناسُ، وعرفوا أن القائم يظله أبو بكرٍ وهو كعادتِه مع الرسولِ.

# الفصل الخامس
# جهادُ أبي بكرٍ في المدينةِ

## صفحةٌ إيمانيةٌ جديدةٌ.

وفي المدينةِ المنورة - كما سميت بعد هجرة الرسول إليها - بدأت صفحةٌ جديدةٌ من صفحاتِ جهادِ أبي بكر في سبيلِ اللَّهِ، صفحةٌ شديدةُ الإيمانِ كتلكَ التي كانت في مكةَ.

حرصَ الرسولُ على توطيدِ العلاقةِ بين المهاجرينَ من مكةَ، والأنصارِ من أهلِ المدينةِ، فآخى بينهمَا، فجعلَ كلَّ مهاجر أخاً لأحدِ الأنصارِ، فكانَ أبو بكرٍ أخاً لخارجةَ بن زهيرٍ، استقبلَ الأنصارُ إخوانَهم المهاجرينَ أحسن استقبالٍ، وحرصوا على راحتِهم، بل راحوا يقتسمونَ زوجاتِهم وبيوتَهم معهم، فيخبرُ المسلمُ من أهلِ المدينةِ أخاه في اللَّه المهاجرَ، يخبرهُ بما لديه من زوجاتٍ، ويطلبُ إليه أن ينظرَ إليهن، فإن أعجبته واحدةً طلقهَا له حتى يتزوَّجَها، كذلك يطلبُ إليه أن يشاهدَ ديارَه، أيُّها اختارَ تركها له، والرسولُ بينهما يبني المجتمعَ المسلمَ كما ينبغي أن يكون .

## مكرُ اليهودِ بالمسلمين.

كانتِ الصورةُ في المدينةِ جميلةً جداً، وضربَ الأنصارُ مثالاً جميلاً في التضحيةِ، وتفضيلِ الخيرِ لإخوانهُم المهاجرين، فكانَ الواحدُ منهم يحرصُ على راحةِ أخيه كما يحرصُ على راحةِ نفسه، بل وأكثر، لكن اليهودُ الذين كانوا يسكنونَ المدينةَ لم يعجبهم هذا الوضع، وهم أهل كيدٍ ومكرٍ منذُ قديمِ الزمانِ، كانَ هؤلاءِ اليهود يستفيدونَ من الحروب الدائمةِ في المدينة، قبلَ هجرةِ الرسولِ، لأنهم كانوا يصنعونَ السلاحَ للفئتينِ المتحاربتينِ، الأوس والخزرج اللتين صالحهُما الرسولُ، فصاروا يداً واحدةً تناضلُ وتكافحُ في سبيلِ اللَّه، وكانت تجارةُ السلاحِ هذه تجلبُ لهم المكسبَ الوفيرَ، فلم يعودوا يكسبونَ شيئاً بعد إيمانِ الأوسِ والخزرجِ باللَّه، لذلك لجأ أولئك الماكرون اليهود إلى الوقيعة بينَ أهلِ المدينةِ، ومحاربةِ الرسولِ، وكانَ -صلى اللَّه عليه وسلم- منتبهاً إليهم وإلى كيدهِم، وكانَ يذهبُ إليهم في مكانٍ يجتمعون فيه، ويتدارسونَ أحوالهم، فيناقشُ علماءَهم، ويوضحُ لهم الحقيقةَ.

## دخول أبي بكر بيت المدارس.

وكذلكَ فعلَ أبو بكرٍ إذ دخلَ بيتَ المدارسِ على بعضِ اليهودِ، فوجدَهم قد اجتمعوا حولَ رجلٍ منهم اسمه فنحاص، وكانَ من الأحبارِ - علماءِ اليهودِ-، أخذَ أبو بكر يدعوهم إلى الإسلامِ، فقال لفنحاص:

- ويحكَ يافنحاصُ، اتق اللَّه وأسلم، فواللَّهِ إنكَ لتعلمُ أن محمداً لرسولُ اللَّهِ قد جاءكم بالحقِّ من عندهِ، تجدونَه مكتوباً عندكم في التوراةِ والإنجيلِ[1].

حذرَ أبو بكر فنحاصَ من عذابِ اللَّه ونصحه بأن يخشى الله ويدخل في الإسلام وأقسمَ باللَّهِ إنه يعلمُ أن محمداً رسولٌ من عندِ اللَّه، يعرفُ فنحاصُ ذلك في داخلِ نفسهِ، لكنهُ يكابرُ، ولايعترفُ بالحقيقةِ، والدليلُ على هذا، يكملُ أبو بكر أنهم يجدون ذكر الرسولِ محمد فيما لديهم من التوراةِ كتابهِم، وفيما لديهم من الإنجيلِ كتاب النصارى، فقال فنحاص:

- واللَّه يا أبا بكر ما بنا إلى اللَّهِ من فقرٍ، وإنه إلينا لفقيرٌ، ومانتضرعُ إليه كما يتضرعُ إلينا، وإنا عنه لأغنياء، وما هو عنا بغني، ولو كانَ عنا غنياً ما استقرَضنا أموالنا كما يزعُم صاحبُكم، يريد الرسولَ العظيمَ، ينهاكم عن الربا ويعطينا، ولو كانَ عنا غنياً ماأعطانا الربا.

إن هذا الرجل الذي يدعي العلمَ ما هو إلا متجاهل يقلبُ الحقائقَ، يطلب منه أبو بكر الإيمانَ بالرسولِ لأن ما جاء به هو الحقُّ من عندِ اللَّه، فيراوغُ ويتهربُ فيدَّعي أنه ليس فقيراً إلى اللَّه، وأن اللَّه هو الفقيرُ إليهم - والعياذ باللَّه - وزاد فقال: إن اللَّه يحارب ربا المال - أن يقترضَ الإنسانُ مالاً

---

١-السيرة النبوية -ابن هشام- جـ٣ ص١٤٨.

ثم يردَّه زائداً إِلى صاحبهِ وأحياناً يضاعفُه .. وهكذا كانَ اليهوُد يستغلون حاجةَ الناسِ فلا يعطونهم المالَ إِلا بعد أن يضمنوا فوائده –، ادعى الجاهلُ فنحاص أنَّ اللّه يحرِّم الربا على الناس ويجيزُه فيمن يعطيهم الحسنات، وتعمَّد الجاهلُ أن ينسى أن اللّهَ إنما يضاعفُ ثوابَ العملِ الصالحِ للمؤمنين تفضلاً منه عليهم، كي يشجعهم على فعله.

أمامَ هذا القول السيئ الأحمقِ ثار أبو بكر بل وضربَ وجه فنحاصٍ، ضرباً شديداً[١] وقال:

– والذي نفسي بيده، لولا العهدُ الذي بيننا وبينكم لضربتُ رأسَك. أي عدوَ اللّه. يقسمُ أبو بكر بربِّه الذي يملكُ أمرَ نفسه ما يمنعهُ من أن يقتلَه سوى العهد الذي كانَ بين المسلمينَ واليهودَ، ألا يعتديَ أحدٌ منهم على الآخر.

إِنه هو أبو بكر اللّين، حينما يخطئُ أحدٌ أمامَه في أمر يخصُّ دينَه، يتحولُ عن هدوئهِ، يثورُ لا لشخصِه، ولا دفاعاً عن نفسهِ، لكن من أجلِ الدفاعِ عن دينِ اللّه ، هذا المؤمنُ الحقيقيُّ لا يغضبُه ولا يخرجه عن طبيعتهِ إِلا ما يغضبُ اللّه.

---

١– السيرة النبوية –ابن هشام– جـ٢ ص١٤٩.

## فنحاصُ ينتهزُ الفرصةَ.

لو أنَّ فنحاصَ هذا اليهوديَّ الذي يدَّعي العلمَ، لو أنه كان على درجةٍ ولو قليلةٍ من العلمِ لخجلَ من نفسِه، ومن خطئِه، ولو كانت لديهِ كرامةٌ لانسحبَ عندَ هذا الحدِّ، ولكنْ لأنه قليلُ العلمِ والكرامةِ، فلقد وجدهَا فرصةً، فذهبَ إلى رسولِ اللَّهِ شاكياً، ولكنه لم يحكِ الحكايةَ كما حدثت، لم يقل إنه أخطأ خطأً فاحشاً لذا ضربَه أبو بكرٍ فلمَا استمعَ الرسول إلى ما يدعيهِ استدعى أبا بكر فسأله:

- ماذا حملك على ما صنعت؟

يسألُ الرسولُ أبا بكرٍ عن سببِ ضربهِ لفنحاص؛ حتى يقفَ على الحقيقةِ كاملةً، وهو توجيه نَبَوِيٌّ كريمٌ، فهوَ لم يحكم بناءً على كلامِ فنحاص - رغمَ ظهورِ أثرِ الضربِ على وجههِ - الرسولُ استمعَ إليهِ، ثم استدعى الطرفَ الثاني في الحكايةِ التي ادَّعاها وسأله عن سببِ ما فعله به، فأجابَ أبو بكر:

-يا رسولَ اللَّه، إن عدو اللَّهِ قالَ قولاً عظيماً: إنه زَعمَ أنّ اللَّه فقيرٌ وأنهم أغنياءُ، فلما قالَ ذلك غضبتُ للَّه مما قاله.

يروي أبو بكر ما حدثَ للرسولِ، يحكي له مَا لَمْ يخبره به فنحاص؛ بما ادَّعاه من أن اللَّه فقيرٌ، وأن اليهودَ هم الأغنياء - والعياذ باللَّه - ، يوضحُ

أبو بكرٍ سبب غضبه فيقول إنه لما سمع هذا الكلام منه، غضب للَّه مما قاله.

لكن فنحاص اليهودي الماكر أنكرَ ما رواه أبو بكر وقال:

- ما قلتُ لك.

إنه يكذبُ، ويتبجحَ، يخطئ ثم يروي ما حدث للرسولِ على أنه لم يخطئ، وينكرُ ماحدثَ بينه وبين أبي بكر، أمام أبي بكر، ولا يشعر بأي ضيقٍ مما يفعلهُ، لقد أماتَ هذا الرجلُ الصدقَ في نفسه، فأصبح يكذبُ ويجهلُ، ثم يدعي أنه على حقٍّ.

## القرآنُ يصدقُ أبا بكر.

فأنزلَ اللَّهُ ملكُ الوحي بآياتٍ بيناتٍ من القرآنِ الكريم تصدقُ أبا بكر، نزلَ جبريلُ الأمينُ على الرسولُ يخبرهُ بكلامِ اللَّه الذي يوضحُ حقيقةَ ماحدث: ﴿ **لَقَدْ سَمِعَ اللَّهُ قَوْلَ الَّذِينَ قَالُوا إِنَّ اللَّهَ فَقِيرٌ وَنَحْنُ أَغْنِيَاءُ سَنَكْتُبُ مَا قَالُوا وَقَتْلَهُمُ الأَنبِيَاءَ بِغَيْرِ حَقٍّ وَنَقُولُ ذُوقُوا عَذَابَ الْحَرِيقِ** ﴾.

فإن كان فنحاص ينكر ما قاله، فإن اللَّه قد سمعه، لذا فقد صَدّق أبا بكر فيما قاله، وكذّب فنحاص، وأخبره أنه -عز وجل- سيحاسبه على ما قاله، كما سيحاسب آباءه من اليهود المذنبين في حق أنبياء اللَّه، ويوم القيامة سوف يكون مصيرهم عذاب الحريق.

إنّ تدبيرَ فنحاص لم يفشل فقط، فهو لم ينجح في ما عزمَ عليه من الوقيعة بين الرسول وأبي بكر، بل أخبرَ اللّٰهُ رسوله بالحقيقة، لم يفشل فقط لأن اللَّهَ قد أنذر فنحاص وأمثالهُ بأنَّ لهم عذاباً أليماً فتضيفُ الآيات الكريمة:

- ﴿ **لا تَحْسَبَنَّ الَّذِينَ يَفْرَحُونَ بِمَا أَتَوْا وَّيُحِبُّونَ أَن يُحْمَدُوا بِمَا لَمْ يَفْعَلُوا فَلا تَحْسَبَنَّهُمْ بِمَفَازَةٍ مِّنَ الْعَذَابِ وَلَهُمْ عَذَابٌ أَلِيمٌ** ﴾.

فهو، وغيرُه، يفرحون بما لديهم، ويحبون أن يشكرَ لهم الناسُ ما لم يفعلوا لذلك لن ينجوا من عذاب اللّٰه، بل لهم عذاب شديد الألم.

## غزوة بدر.

في شهر رمضان من العام الثاني للهجرة، علم الرسولُ أن إبلاً لقريش عائدة من الشام محملة بالسلع وغيرها، يقودُها أبو سفيان، وأنها ستمرُّ قريباً من المدينةِ المنورةِ، فقررَ الخروجَ إليها، وأخذَها مقابلَ ما تركه المسلمون في مكة عند هجرتهِم، واستولت عليه قريشٌ دونَ حق، خرجَ مع الرسولِ بعضُ المسلمينَ، ولم يخرج آخرون إذ إنهم لم يتصوروا أن تحدثَ حربٌ[1].

ولما وصلَ الخبرُ إلى قريش، سلك أبو سفيان طريقاً آخر، ولكنه أرسل إلى قريش يشجعها على قتال المسلمين، وبالفعل سارت قريش إلى المدينة فلما

---

١- فقه السيرة -محمد سعيد البوطي- ص١٦٨.

علم الرسول بهذا، جمعَ الأنصار والمهاجرين وقرر الخروج لملاقاة قريش، واقترح سعد بن معاذ بناءَ عريش[1] للرسول، يستطيعُ من خلاله أن يتابعَ الحرب، دون أن يصيبَه مكروه. فوافق الرسول، وفي الليلة السابعة عشرة من رمضان، راح الرسولُ يدعو ربَّه، ويستغيثُ به، قائلاً ما يعني أن قريشاً قد أقبلت بقوتِها، تريدُ أن تتفاخرَ بها، ويُكذِّب الرسول، وأنه لاملجأ له إلا اللَّه، لذا دعاه:

- فاللهم نصرك الذي وعدتني.

وظل الرسول يناشد ربه متضرعاً خاشعاً[2] حتى أشفق عليه أبو بكر فقال له:

- يا رسول اللَّه! أبشر فو الذي نفسي بيده لينجزن اللَّه لك ما وعدك.

قربت بداية المعركة الأولى بين الرسول ومشركي مكة، ينادي أبو بكر الرسول ويقسم أن اللَّه سوف يحقق له ما وعده به، إنه إيمان الصديق يدفعه لأن يناصر الرسول بكلماته، ويطمئنه إلى أن الله - عز وجل- سينصره، إنه إيمان الواثق بربه، المتأكد من نصره.

---

١- صحيح مسلم -جـ٦- ص١٧٠.

٢- زاد المعاد -ابن القيم الجوزية- جـ٢ ص٨٧.

## نصرٌ من عند اللّه.

وجاء نصرُ اللّه لجنده المسلمين بعدما خططوا بعناية للحرب، وحاربوا بقوة وشجاعة، وصدقوا اللّه، ونفذوا أوامرِ رسوله، فجمعوا بين الإيمان الشديد، والعمل المتقن، أعانهم اللّه وأمدَّهم بجند[١] من عنده فكان نصر بدر.

## قصة أسرى بدر:

أسر المسلمون في هذه الحرب سبعين رجلاً من مشركي قريش فاستشار الرسول في أمرهم، طلبَ من أصحابه أن يقترحوا عليه، حتى لايتخذَ في أمرهم قراراً بمفرده، وهكذا كان -صلى الله عليه وسلم - حريصاً على رأي أصحابه، يشركهم في الأمر كله، وهذه هي الشورى واحدة من أعظم المبادئ التي جاء بها الإسلام.

أشار عمر بن الخطاب على الرسول بقتلهم، وكان رأي أبي بكر أن يأخذَ منهم فديةً -مبلغاً من المالِ من كلٍّ واحد منهم -، يكون هذا المالِ سبباً في قوة المسلمين، كأن ينفقُ على ابتياع[٢] مزيدٍ من السلاحِ مثلاً، وليتركَهم الرسولُ، بعد ذلك، فلعلّ اللّهَ أن يهديهم إلى الإيمان.

---

١- السيرة النبوية -ابن هشام- جـ٢ ص٢٠٠.

٢- ابتياع : شراء.

أخذَ الرسولُ بما أشار به أبو بكر من الرحمة بالأسرى، وتركَهم مقابلَ المالِ، وحكمَ فيهم بذلك، غيرَ أنَّ القرآنَ الكريمَ نزلَ موافقاً لرأي عمرِ بن الخطابِ فقالَ اللَّه تعالى:

﴿مَا كَانَ لِنَبِيٍّ أَن يَكُونَ لَهُ أَسْرَىٰ حَتَّىٰ يُثْخِنَ فِي الأَرْضِ﴾.

يقولُ اللَّه بأنه كان ينبغي على الرسول، وقد تمكنَ من كبارِ المشركينَ الذين حاربوا دينَ اللَّه – أن يقتلهم.

لقد كان رأي أبي بكر الرحمة بالمشركين والرفق بهم، عسى أن يعودوا إلى اللَّه فيما بعد، فيتوبوا عن ذنوبهم، ويكفِّروا عن سيئاتهم وحربهم لدين اللَّه، وجاء حكمُ اللَّه موافقاً لرأي عمرِ بنِ الخطاب، وقد عاد الأسرى بعدما دفعوا المال، ولا يعني ذلك بحال من الأحوال أن أبا بكرٍ قد أخطأ، أو أنه لم يقل الصوابَ، بل يعني أنه قد اجتهدَ هو والرسولُ، ومَنْ اجتهدَ في الإسلامِ فله أجران إن أصاب، وله أجرٌ إن حاول ولم يوفقْه اللَّهُ، ثم إنها كانت أول تجربةٍ للمسلمين في الحرب، وكان هذا الموقفُ درساً عظيماً لهم، والكمال للَّه وحده[1].

## إخراج اليهود من المدينة.

لم يمض وقتٌ طويلٌ على حديث فنحاص مع أبي بكر، وضرب أبي بكر

١– فقه السيرة –محمد سعيد البوطي– ص١٧٦ هامش (١).

له، حتى غدرَ اليهودُ بالعهدِ الذي كان بينهم وبينَ الرسولِ، فحاصرَ - عليه الصلاةُ والسلامُ- بني قينقاعُ الذينَ غدروا، وأخرجَهم من المدينةِ المنورةِ في منتصفِ شوال من العامِ الثاني الهجري[1].

أخرجَ بعدها الرسولُ بني النضيرَ، ثم كانت غزوةُ خيبرَ التي تجمعَ فيها المشركون واليهود لحرب الرسولِ فهزمهم فيها شرَّ هزيمةٍ.

## استمرارُ جهاد أبي بكر.

ظلَّ أبو بكر في المدينةِ مجاهداً، ومدافعاً عن دينِ اللّه بكلِّ مايملكُ، صُلباً في الحق، إلى جوار الرسولُ في غزوةِ أُحد، وفي غزوةِ الخندقِ، حتى أذنَ اللّهُ لدينه أن ينتشرَ، فعادَ الرسولُ إلىَ مكةَ فاتحاً عام ثمانيةٍ من الهجرة، ودخلَها دونَ حربٍ، حينَ علمت قريشٌ بعددِ المسلمين الكبيرِ، فلجأت إلى العقلِ، وسلمت دونَ قتال.

١- تاريخ الطبري جـ٢ ص٤٨٠.

# الفصل السادس

# الـــوداع

## إنـابة الرسول لأبي بكر في الحج.

بعد فتح مكةَ بعامٍ، في العامِ التاسعِ الهجريِّ، أرادَ الرسولُ الحج ثمَّ قال:

– إنما يحضرُ المشركونَ فيطوفونَ عراةً فلا أحبُّ أن أحجَّ حتى لايكونَ ذلك[1]. كانَ من عاداتِ أهلِ مكةَ، ومَنْ يجيئون إلى الكعبةِ ليحجوا قبل الإسلامِ، أن يطوفوا حولَ الكعبةِ بلا ثيابٍ، ويريدُ الرسولُ أن يغيرَ هذه العادة الفاسدة، فأمرَ أبا بكرٍ الصديقَ أن يحجَّ هذا العامَ بالناسِ، ثم أرسلَ عليَّ بنَ أبي طالبٍ لينادي في الناس أن لا يحج بعد هذا العام مشرك ولا يطوف بالبيت عريان، فخرجَ أبو بكرٍ حاجّاً في ثلاثمائة رجلٍ من أهل المدينة.

وفي إيفاد الرسولِ لأبي بكر للحجِّ بدلاً منه دليلٌ على عظم مكانةِ أبي بكر، وعلى عظيمِ ثقةِ الرسولِ فيه، وهي مكانةٌ استحقها أبو بكر بإيمانهِ القويِّ باللّه، وبعزمه وكفاحه في سبيلِ نصرةِ اللّه ورسوله، وفي موقفِ الرسولِ من أفعالِ الكفارِ حولَ الكعبةِ في موسمِ الحجِّ درسٌ كبيرٌ للدعاةِ إلى اللّه، فالرسولُ لم يبادر بعقابِ من يخطئون فيطوفون عراة في موسم الحج،

---

١– فقه السيرة –محمد سعيد البوطي– ص٣٢١.

وإنما علمهُم، وأعطاهم مهلةً كافيةً ليكفوا عنه، وفي هذا تدرجٌ في تغيير الخطأ، يساعدُ المخطئ على التخلي عن خطئه إن أراد، ولا يسمحُ له بأن يتمادى فيه بأي حجة، ولايتيح أمامه أقلَّ فرصةٍ للعناد.

ثم حجَّ رسوُل اللَّه بنفسهِ في العام الذي يليه العامِ العاشرِ الهجريِّ، وفي العامِ الحادي عشر من هجرةِ الرسولِ، خرجَ -صلى اللَّه عليه وسلم - فجلسَ على المنبرِ، فأصاخ استمعَ في اهتمام جميعُ الناسِ، فكانَ مما قاله:

## كلماتٌ بليغةٌ لم يفهمها سوى أبي بكر.

- إنّ عبداً خيَّره اللَّهَ بين الدنيا وبينَ ما عندَه فاختارَ ماعندَ اللَّه. يقولُ الرسولُ: إن عبداً للَّه، قد أتاح اللَّهُ له الاختيارَ بين ما لديه من خير ونعيم، وبينَ الحياةِ التي يحياها في الدنيا، فاختارَ ذلك العبد ماعند اللَّه على ما في الحياة الدنيا، لم يحدد الرسولَ اسمَ هذا الذي خيرَه اللَّهُ، إنما فقط أشارَ إلى معنىً في نفسه، وكان أبو بكر أحدُ المستمعين إلى كلماتِ الرسولِ، وكان الوحيُد الذي بكى وردَّ قائلاً:

- فديناك بأنفسنا وآبائنا(١).

إن ردّ أبي بكر يدلُّ على أنه الوحيدُ الذي فهمَ كلماتِ الرسول هذه على

١- الكامل في التاريخ - ابن الأثير - جـ٢ ص٣٢١.

وجهها الذي أراده، فهو يُعْلِمُ أصحابَه من طرفٍ خفيٍّ، يخبرُهم ولا يبوح حتى لايصيبهم الحزنُ، يشيرُ في ثنايا كلماتِه إلى قربِ وفاتِه، إذ إن ذلك العبدَ الذي روى عنه الرسولُ هو الرسولُ نفسُه، يصفُ نفسَه بأنه عبدٌللّه، وأي مكانةٍ عاليةٍ تلك المكانة، إنها مكانةَ العبوديةِ الحقة التي ينبغي أن يكونَ عليها كلٌّ مسلم تشبُّهاً برسولنا العظيمِ؟ لقد اختارَ الرسولُ ما عند ربه، إذن ففترةُ بقائه في الدنيا لن تطولَ، وعى أبو بكر كلماتِ الرسولِ كاملةً، ذلك لأنه الأقربُ إليهِ، وأكثر الصحابةِ بقاءً معه، وصحبةً له في السفر، إنه أبو بكر الصاحب الذي ربط الإيمان بين قلبه وقلب الرسول ، وهو رباطٌ قويٌ لا ينفك أبداً، ذلك أن قلبَ الصديقِ قد التقى مع قلبِ الرسولِ على كلماتِ اللّه، وكانَ الأكثر تفهماً للرسولِ، وتواصلاً معه، لذا أدرك ما لم يدركهُ أحدٌ، وعلمَ معنى كلماتِ الرسول فبكى وقال إنه والمسلمونَ الحاضرون يفدونه بأنفسَهم وما يملكون، ولو ملكوا لافتدوا حياةَ الرسولِ بآبائهم أيضاً.

## تكريم جديد لأبي بكر.

فقالَ الرسولُ:

- لا يبقينَّ في المسجدِ إلا بابُ أبي بكر فإني لا أعلمُ أحداً أفضلَ في الصحبةِ عندي منه، ولوكنتُ متخذاً خليلاً لاتخذتُ أبا بكرٍ خليلاً، ولكن أخوةُ وسلام.

يأمرُ الرسولُ بأن يظلَّ بابُ أبي بكر المطلُّ على المسجد مفتوحاً، بينما على جميعِ الصحابة أن يغلقوا أبوابهم، ذلك لأنَّ الرسولُ لا يعلمُ واحداً أفضلَ في الصحبةِ من أبيِ بكر، ولو أنه -صلى الله عليه وسلم- كان له أن يختارَ صاحباً محبوباً لاختاره، ولكنها محبة بينه وبين جميع المسلمين.

## الرسولُ يجهز جيشاً جديداً لمحاربةِ الروم:

إمبراطورية الروم هي تلكَ المملكةُ الكبيرةُ الممتدةُ، التي تقع شمالاً من حدودِ الدولةِ الإسلاميةِ -مكةَ والمدينةَ-، ولأنَّ الرومَ كانوا أقوياءَ إذ إنهم كانوا يتحكَّمون في نصفِ العالم وقتئذٍ، فلقد قتلوا الرسولَ الذي أرسله النبيُّ ليدعوَهم إلى الإسلام، وهو خطأٌ عظيمٌ، إذ إن الرسولَ المكلفَ بنقلِ رسالةٍ لا يقتلُ، وقتلُهُ يعني قلةَ عقلٍ ممن قتلهُ، واستهانةً بمن أرسلهُ، فأرسلَ إليهمُ الرسولُ في العامِ الثامنِ الهجريِّ جيشاً بقيادةِ زيدِ بنِ حارثةَ ليؤدبَهم، ولما التقى الجيشُ الإسلاميُّ بجيشِ الرومِ عندَ مكان اسمُه مؤتةَ فوجئَ المسلمون بعددِ الرومِ الكبيرِ الذينَ يزيدُ عن عددهِم كثيراً، لكنهم ثبتوا عازمين على النصرِ أو الشهادةِ، فاستشهدَ قائدهم زيدُ بنُ حارثةَ وكان عزيزاً لدى الرسولِ إذ إنه أول مَنْ أسلمَ من الموالي، وعاشَ مع الرسولِ فترةً طويلةً من حياتهِ، فتولى القيادةَ بعده جعفر بن أبي طالب فاستشهد أيضاً، وتولى القيادةَ عبدُاللّه بنُ رواحة فاستشهدَ نظراً لقوةِ جيشِ الرومِ، ومعرفتهمُ الجيدةِ

بالمكانِ الذي يحاربون فيه المسلمينَ، ثم تولّى القيادةَ خالدُ بنُ الوليد فانسحبَ بالجيشِ الإسلاميِّ بعدَ ما خدعَ الرومَ.

أراد الرسولُ في العامِ الحادي عشرِ من الهجرةِ الثأرَ لشهداءِ المسلمينَ في غزوةِ مؤتةَ، فأمرَ أسامةَ بنَ زيدِ بنِ حارثةَ بأن يسيرَ إلى حيثُ استشهدَ أبوه فيؤدبَ الرومَ، كان أسامةُ، شاباً شجاعاً لم يتعدَّ الثامنةَ عشرة من عمره، لذا فقد اعترضَ بعضُ المسلمين عليه لصغرِ سنِّه فقالَ لهمُ الرسولُ:

- إن تطعنوا في إمارةِ أسامةَ فقد طعنتُم في إمارةِ أبيه من قبلِه، وأيمُ اللَّهِ إن كانَ لخليقاً بها..... وأيمُ اللَّهِ إنَّ هذا لها لخليقٌ - يريدُ الرسولُ أسامةَ-.

اجتمعَ الجيشُ الإسلاميُّ استعداداً لحربِ الرومِ، غيرَ أنَّ مرضَ الرسولِ الشديدَ منعَه من التحرك.

## الرسولُ يستدعي أبا بكر.

بعدَ أن خطبَ الرسولُ، وذكرَ أبا بكر بالخير، ذهبَ إلى بيتِ السيدةِ عائشة، ولم يمضِ وقتٌ طويلٌ، حتى اشتدَّ به الوجعُ، وثقلَ عليه المرضُ، فقال للسيدةِ عائشةَ:

- ادعي لي أبا بكرٍ أباكِ وأخاكِ، حتى أكتبَ كتاباً، فإني أخافُ أن يتمنّى متمنٍ ويقولُ قائلٌ: أنا أولى ويأبى الله والمؤمنون إلا أبا بكر(١).

١- صحيح مسلم -باب فضل أبي بكر- جـ٧ ص١١٠.

يأمرُ الرسولُ السيدةَ عائشةَ أن تستدعيَ له أبا بكرٍ حتى يكتبَ له كتاباً يوضحُ الخلافةَ من بعده، ذلك لأن الرسولَ يخافُ أن يقوم واحدٌ من المسلمين غيرُ مؤهلٍ، ويقولَ إنه يستطيعُ قيادتَهم، ويرفضُ اللّهُ والمؤمنون أن يكون الخليفة إلا أبا بكر.

ولولا أن أهل بيت النبوة من حول الرسول قد اختلفوا، واختصموا لكان -صلى اللّه عليه وسلم- قد كتب[١].

## الرسولُ يكلِّف أبا بكرٍ بإمامةِ الناس في الصلاة.

وبلغَ من شدةِ المرضِ برسولِ اللّهِ أن لم يعد قادراً على الخروجِ للصلاةِ بالناسِ إماماً كما اعتادوا، ولما آذنه بلالٌ للصلاة - أعلمَه بحلولِ وقتِها قال - صلى اللّه عليه وسلم-:

- مروا أبا بكرٍ يصل بالناس.

يأمرُ الرسولُ بأن يصليَ بالناسِ أبو بكر.

فقالت السيدةُ عائشة:

- إنه رجلٌ رقيق وإنه متى يقومُ مقامَك لايطيقُ ذلك.

تصف السيدةُ عائشةُ أباها بأنه رقيقٌ، متى وقفَ للصلاةِ مكان الرسولِ فإنه قد يتأثر مثلاً.

---

١- صحيح البخاري -باب مرض الرسول ووفاته- جـ٥ ص١٣٨.

فردَّ عليها الرسولُ:

- مروا أبا بكر فليصل بالناس.

كررتِ السيدةُ عائشةُ قولَها، فغضبَ الرسولُ، وكررَ أمره، حتى تقدمَ أبو بكر للصلاة.

## الرسولُ يصلي خلفَ أبي بكر.

وحينما كان أبو بكر يصلي بالمسلمين، وجدَ الرسولُ في نفسه قدرةً على الحركةِ، فخرجَ من حجرته المطلةِ على المسجدِ، وحينَ اقتربَ من أبي بكرٍ وأحسَّ أبو بكر بهِ قريباً، تأخرَ كي يصليَ الرسولُ بالناسِ، فأشارَ إليه الرسولُ بما يعني أن قم مقامَك أي أكمل صلاتَك، وقعدَ الرسولُ، يصلي إلى جوارِه.

والصلاةُ هي عمادُ الدين كما أخبرَ الرسولُ في حديثهِ الشريفِ، والرسولُ لم يأمر أحداً بالصلاةِ بالناس نيابةً عنه سوى أبي بكر، وأصرَّ -رغمَ مرضه الشديد- على أن يتقدمَ للصلاةِ أبو بكر، بل وخرجَ الرسولُ للصلاةِ، فرفضَ أن يتأخرَ أبو بكر له، وصلّى بصلاتهِ، وقيلَ إن أبا بكرٍ قد صلّى بالناسِ ثلاثةِ أيامٍ[1].

---

١- الكامل في التاريخ -ابن الأثير- جـ٢ ص٣٢٢.

في ذلك دلالةٌ واضحةٌ على رغبةِ الرسولِ في توليةِ أبي بكرٍ من بعدهِ أمرَ المسلمين، كما ولاه أمَر إمامتهِ في أهمِّ عبادةٍ، بل وصلَّى بصلاتهِ، وإن لم يكتبِ الرسولُ ذلك فقد أمرَ بما يفيده.

# الفصل السابع

# موقفٌ عصيبٌ

## مصابٌ عظيمٌ.

ذهبَ أبو بكر إلى السنح وهو مكانٌ مجاورٌ للمدينةِ، يزورُ بعضَ أهله، وبينما هو غائبٌ لديهم قَضَت إرادةُ اللَّه تعالى أن يُتوفى الرسولُ، فانتقلت روحُه إلى أعلى عليين، إلى جوارِ ربها، راضيةً مرضيةً في أعلى الجنانِ بإذنه، استمعَ الصحابةُ إلى الخبرِ في حزنٍ شديدِ، حتى إن عمرَ بنَ الخطاب وقفَ يقولُ:

– إن رجالاً من المنافقين يزعمونَ أن رسولَ اللَّهِ تُوفيَ وإنهُ واللَّهِ ما ماتَ ولكنهُ ذهبَ إلى ربهِ كما ذهبَ موسى بنُ عمرانَ واللَّهِ ليرجعنَّ، فليقطعنَّ أيدي رجالٍ وأرجلهمَ زعموا أنه مات[١].

إنّ عمرَ غيرُ مصدقٍ، ينفي أن يكونَ الرسولُ قد ماتَ، ويقولُ إنه قد ذهبَ إلى اللَّهِ، يتلقى كلامَه كما ذهبَ من قبلِه نبيُّ اللَّه موسى، وحينَ سيعودُ سيقطعُ أيديَ وأرجلَ الذين قالوا عنه إنَّه ماتَ، إنَ عظمَ الموقفِ، وشدةَ المصابِ، قد جعلاه يقولُ ذلك.

١– الكامل في التاريخ – ابن الأثير – جـ٢ ص٣٢٣، ص٣٢٤.

## عودةُ أبي بكر إلى المدينة.

وحينَ عادَ أبو بكر إلى المدينةِ فوجئ بالخبر، فسارَ حتى رسولِ اللّهِ ، فدخلَ عليه، وهو مسجىً - مغطىً- في ناحيةِ من المسجدِ، فكشفَ عن وجههِ الغطاءَ، وقال:

- بأبي أنتَ وأمي طِبْتَ حياً وميتاً، أما الموتَة التي كتبَها اللّهُ عليكَ فقد ذقتَها[١].

يودعُ أبو بكر الرسولَ بأروعِ الكلماتِ، فيقولُ عنه إنه حسنٌ حياً وميتاً، أما الموت الذي كتبَه اللّه فقد ذاقَه.

ثم أعادَ أبو بكر الثوبَ على وجهِ الرسولِ، ثم خرجَ إلى الناسِ، و عمرُ بنُ الخطابِ مازالَ يحدثُ الناسَ، فأمرَه بالسكوتِ، فلم يتوقف عمر، فأقبلَ أبو بكر على الناسِ يحدثهم، فلما سمعَ الناسُ كلامَه، أقبلوا عليه يستمعون، فبدأَ أبو بكر بحمدِ اللّه، وأثنى عليه ثم قال:

- أيُّها الناسُ مَنْ كانَ يعبدُ محمداً فإنَّ محمداً قد ماتَ، ومَنْ كانَ يعبدُ اللّه ، فإن اللّه حيٌّ لايموت، ثم تلا هذه الآية:

﴿ وَمَا مُحَمَّدٌ إِلاَّ رَسُولٌ قَدْ خَلَتْ مِن قَبْلِهِ الرُّسُلُ أَفَإِن مَّاتَ أَوْ قُتِلَ انقَلَبْتُمْ

١- السيرة النبوية -ابن هشام- جـ٤ ص٢٢٤.

**عَلَىٰ أَعْقَابِكُمْ وَمَن يَنقَلِبْ عَلَىٰ عَقِبَيْهِ فَلَن يَضُرَّ اللَّهَ شَيْئًا وَسَيَجْزِي اللَّهُ الشَّاكِرِينَ﴾.**

قالَ أبو بكرٍ للناسِ إنه من كانَ منهم يتوجه بعبادته وإيمانه إلى الرسول فإن الرسول قد مات، ومَنْ كان يعبد اللَّه منهم فإن اللَّه حيٌّ لايموت، وقرأ على الناس آية من القرآن تقول إن محمداً رسولٌ قد سبقتهُ رسلٌ من عندِ اللَّه، فإذا حدثَ أن توفاه اللَّه فلا يجوز لأحد من المسلمينَ العودةَ عن دينه، لأنَّ مَنْ سيعودُ منهم فلن يضرَّ اللَّه شيئاً، وإنما سيضرُّ نفسَه، وسيعطي اللَّهُ الأجرَ العظيمَ لمن يشكرونَه. فهذا الموقفُ الشديدُ على عمر بنِ الخطاب يحسمُه أبو بكر الصديقُ بكلماتٍ، أعلمَ الناسَ بأنهم ما كانوا يعبدونَ الرسولَ وإنما يعبدون اللَّه الحيَّ الذي لا يموت، ثم قرأ عليهم آية من القرآن بهذا المعنى، فقال عمر:

– واللَّه ما هو إلا أن سمعتُ أبا بكر تلاها، فعقرتُ – جمدت كالدابة المذبوحة– فلم أستطع التقدمَ أو التأخرَ، ما تقلني –تحملني– قدمايَ، وحتى هويتُ –سقطتُ– حينَ سمعتُه تلاها أنَّ النبي قد ماتَ(١).

## إيمانُ عظيمُ.

عندَ هذا الحدثِ الخطيرِ يظهرُ إيمانُ أبي بكرٍ باللَّهِ إيماناً عظيماً، قد تمكنَ

---

١– الكامل في التاريخ – ابن الأثير – جـ٢ ص٣٢٥.

من نفسه، كانَ الصحابةُ يحبونَ الرسولَ حباً شديداً، لذلك لم يتخيلوا حياتَهم بدونه، وأصابتهم الحيرةُ حينَ علموا بوفاتِه، وكانَ أبو بكرٍ قوياً في المواقف التي تتطلبُ القوة، كان قوياً كعادته، كما كانَ من قبلُ قوياً حين أشارَ على الرسولِ بالظهورِ على مشركي قريش، والصحابةُ ما زالوا في مكةَ، قليلي عددٍ وقوةٍ، قوياً كما كان حينما خطب في المشركين معلناً إيمانَه، كانَ قوياً مثلما كانَ في حادثةِ الهجرةِ، لذا لا نتعجبُ أن يصدرَ عنه هذا الموقف المشرق حينما علمَ بوفاةِ الرسولِ لقد كانَ مصابُ أبي بكر عظيماً في رسولِ اللّه، إلا أن إيمانه كانَ حامياً له من الاضطرابِ، بهذا تمالك أبو بكر نفسَه، وأنقذَ الموقفَ(١).

١- السيرة النبوية -ابن هشام- جـ٤ ص٢٢٧.

# الفصل الثامن

# أبو بكر الخليفة

## صفحةُ جديدةٌ من صفحاتِ جهادِ أبي بكر.

بوفاةِ الرسولِ بدأت صفحةٌ جديدةٌ من صفحاتِ كفاح أبي بكرٍ في سبيل نصرةِ دين اللّه، بدأت صفحةٌ جديدةٌ كانَ أبو بكر عظيماً فيها كعادتِه، وكان رائداً في دعوةِ الناسِ إلى الفوزِ بخيري الدنيا والآخرة.

## اجتماعُ الأنصار في سقيفةِ بني ساعدة.

اجتمعَ الأنصارُ في سقيفةِ بني ساعدةَ وهو مكانٌ كانوا يجتمعونَ فيه لمناقشة الأمورِ العظيمةِ، وكانَ اجتماعُهم هذه المرةَ لأنهم أرادوا اختيارَ سعد ابن عبادةَ، كي يتولى الخلافةَ، ويحكمَ المسلمينَ، لذا أسرعَ إليهم عمرُ بن الخطاب وأبوعبيدةَ بنُ الجراحِ ومعهم أبو بكر الذي قالَ بعد حوار قصير:

- قد رضيتُ لكم أحدَ هذين الرجلين عمرَ وأبا عبيدة أمينُ هذه الأمة[١].

يرشحُ أبو بكر واحداً من صحابيين عظيمين كي يتولى الخلافةَ، وهو عظيمٌ كعادتهِ، ها هو يرشحُ أحدهما، ولايطلبُها لنفسهِ، مع أنه الرجل الذي

---

١- تاريخ الطبري جـ٣ ص٢١٠.

اختارهُ الرسولُ لإمارةِ المسلمينَ في الحجِّ، وهو الذي أمرهُ الرسولُ بإمامةِ المسلمينَ في الصلاة، بل لقد كادَ الرسولُ أن يكتبَ له كتاباً بذلك، ومع هذا كلِّه يُقدمُ أبو بكر غيْرَه، فلما سمعَ عمرُ كلماتهِ هذه قال للحاضرين في السقيفةِ:

– أيكم يطيبُ نفساً أن يُخلفَ قدمين قدمهما النبيُّ، فبايعه عمر وبايعه الناس.

وجهَ عمرُ حديثَه للحاضرين، مذكراً إياهم دونَ أن يقولَها صراحة أن الرسولَ قد أوصى لأبي بكر بالخلافةِ، وتساءل وهل يحبُ أحدٌ من الحاضرين أن يغيرَ أمراً أمرَ به النبيُّ، صمتَ الحاضرون، فتقدمَ عمرُ مبايعاً أبا بكر، وتقدمَ الناسَ فبايعوه.

## عمرُ بنُ الخطاب يصفُ هذا الموقفَ.

يقولُ عمرُ إنه كانَ قد أعد في نفسِه كلماتٍ قد أعجبته، وأنهُ كانَ يريدُ أن يقولَها أمَام أبي بكر، وأنه كانَ قد نوى أن يواري عنه بعضَ الحدَّة التي كان يتصفُ بها، فقال أبو بكر:

– على رسلِكَ ياعمر(١).

---

١– تاريخ الطبري جـ٣ ص٢١٠، وسيرة ابن هشام جـ٣ ص٢٣١.

طلبَ أبو بكر من عمرَ أن ينتظرَ قليلاً، فيقولُ عمر:

- فكرهتُ أن أغضبه، فتكلمَ، وهو كانَ أعلم مني وأوفر، فهو واللّهِ ما ترك من كلمةٍ أعجبتني من تزويري إلا قالها في بديهتِه، أو مثلَها أو أفضلَ، حتى سكتَ.

يقولُ عمرُ إنه لما طلبَ منه أبو بكر الانتظارَ كرهَ أن يغضبَه، فاستجاب لطلبه، وهو أمرٌ غيرُ عجيبٍ من صحابيين جليلين تربيا في مدرسةِ الرسولِ، فيصمتُ عمرُ طاعةً لأمر أخيه أبي بكرٍ، ويقول إن أبا بكرٍ كانَ أعلم منه، وأنه ما تركَ كلمةً أعجبتهُ، وأرادَ أن يقولَها، إلا قالها دونَ إعداد، أو قالَ مثلَها أو أفضلَ منها، حتى سكتَ، وعمر معجبٌ بكلامِ أبي بكر كلِّه حتى قال إنه قد رضيَ توليةَ أحدِهما عمرَ أو أبي عبيدة يقولُ عمرَ:

- ولم أكره شيئاً مما قالَه غيرَها، كانَ واللّه أن أقدمَ فتضربَ عنقي، لا يقربُني ذلك إلى إثم، أحبَّ إليَّ من أن أتأمَّرَ على قومٍ فيهم أبو بكر(١).

يقولُ عمر إنه لم يكره كلمةً مما قاله أبو بكر غيرَ تلك التي أعلنَ فيها رضاه عن توليتِه أو توليةِ أبي عبيدةَ الخلافةَ، وكانَ من رأيه أن يقدمَ إلى الموتِ طالما أن هذا لا يقربهُ من ذنبٍ أفضلَ عنده من أن يحكم جماعةً فيهم أبو بكرٍ الصديق، هكذا يعترفُ عمر بالفضلِ لأبي بكرٍ شاهداً له بالمكانة

---

١- السيرة النبوية -ابن هشام- جـ٣ ص٢٣١.

التي يستحقها، ومفضلاً الموتَ على أن يحكمَ في وجوده، رحمَ اللَّه عمر فلقد كانَ كريمَ الخلقِ، يعرفُ لنفسه قدرَها، ويعرفُ مقدارَ إخوانه المسلمين، فيعطي كلَّ واحدٍ منهم مايستحقُّه.

## عمرُ يدعو الناسَ جميعاً إلى بيعة أبي بكر.

وفي اليوم التالي لبيعةِ أبي بكر في سقيفةِ بني ساعدة قامَ عمرُ بن الخطابِ في الناسِ فقالَ لهم بعدَ أن حمد اللَّهَ وأثنى عليه:

أيها الناسُ، إني قد كنتُ قلتُ لكم بالأمس مقالةً ما كانت إلا عن رأيي، وما وجدتُها في كتاب اللَّه، أو كانت عهداً عَهده إليَّ رسولُ اللَّه صلى اللَّه عليه وسلمَ، ولكني قد كنتُ أرى أن رسولَ اللَّه سيدبرُ أمرنا، حتى يكونَ آخرُنا؛ وإنّ اللَّه قد أبقى فيكم كتابَه الذي هدَى به رسولَ اللَّه، فإن اعتصمتُم به هداكم اللَّهُ لما كان هداَه له، وإن اللَّه قد جمعَ أمرَكم على خيركم، صاحبِ رسولِ اللَّهِ، وثاني اثنين إذ هما في الغار، فقوموا فبايعوا(١).

يقفُ عمر في المسجدِ أمامَ الناسِ جميعاً، فيوضحُ لهم حقيقةَ ماقاله بالأمس، يوضحُ أن ما قالَه لم يكن عن آيةٍ وجدها في القرآنِ، أو عن حديثٍ ذكره لهُ الرسولُ، وإنما ما قالَه كان انفعالاً نفسياً عدمِ تصديقهِ لوفاةِ الرسولِ

١- تاريخ الطبري جـ٣ ص٢٢٤.

لقد كانَ عن رأيٍ له، إذ إنه كان يحسبُ أنَّ الرسولَ سيظلُّ بين المسلمينَ، يدبرَ أمورَهم، أما وإنه قد عرفَ الحقيقةَ، فإن كتابَ اللَّه القرآنَ باقٍ، وبه اهتدى الرسولُ فإن عملَ الناسُ به اهتدوا كما اهتدى الرسولُ، هاهو عمرُ الصحابيُّ الجليلُ يوضحُ للناسِ حقيقةَ كلماتهِ، هكذا المؤمنُ ينبغي أن يكونَ شجاعاً صريحاً، إذا لم يصبه التوفيقُ في أمرٍ، لايخجلُ من أن يقفَ معلناً في وضوحٍ حقيقة ما أراد ولو كان مخطئاً.

ثم إنّ عمرَ قدّم لأبي بكر، فقالَ إنّ اللَّه قد جمعَ أمر المسلمين على خيرِهم، على صاحبِ رسولِ اللَّه، ورفيقِه في الغارِ، وأمرَ عمرُ المسلمين أن يقوموا لمبايعتهِ، فبايعَ الناسُ أبا بكر بيعةَ العامّة - بايعه جميع الحاضرين[1].

## أولُ خطبةٍ لأبي بكر.

كانَ أبو بكرٍ يستمِعُ إلى كلماتِ عمرَ بن الخطاب وحينَ بايعهُ الناسُ، قامَ فيهم خطيباً، فصعدَ المنبرَ كي يبينَ طريقتَه في الحكم، فحمدَ اللَّه وأثنى عليه. . ، ثم قال:

- «أما بعدُ أيُّها الناسُ، فإني قد وليتُ عليكم ولستُ بخيرِكم، فإن أحسنتُ فأعينوني، وإنّ أسأتُ فقوِّمُوني، الصدقُ أمانةٌ، والكذبُ خيانةٌ، والضعيفُ فيكم قويٌّ عندي حتى أريحَ عليه حقّهُ إن شاء اللَّهَ، والقويَّ

(١) الكامل في التاريخ - ابن الأثير - جـ٢ ص ٤٤٣.

ضعيف عندي حتى آخذَ الحقَّ منه إن شاءَ اللَّهُ، لا يدَعَ أحدٌ منكمُ الجهادَ في سبيل اللَّه، فإنه لا يَدعه قوم إلا ضربهم اللَّه بالذلّ، ولا تشيعُ الفاحشةُ في قوم إلا عمهُم اللَّهُ بالبلاء، أطيعوني ما أطعتُ اللَّهَ ورسولَه، فإذا عصيتُ اللَّهَ ورسولَه فلا طاعةَ لي عليكم. قوموا إلى صلاتِكم رحمكم اللَّه»(١).

يقفُ أبو بكر أمامَ الناس خطيباً، يقفُ للمرةِ الأولى وهو حاكمٌ لهم، فيعلنُ أنه تولى أمورَ الحكمِ ولكنَّه ليس بخيرِ الناس، الصديقُ يقولُ عن نفسه هذه الكلمات، وهو مَنْ هو، صاحبُ المواقفِ العظيمةِ، يبلغُ به التواضعُ هذا الحدَّ إنه ليأمر الناس، ويشترطُ عليهم، إن هم رأوه يحسنُ فليساعدوه، ويأمرهم، ويشترط عليهم، إن هو لم يحسن الحكم فيهم فليصلحوه، وكيفَ لا يحسنُ أبو بكر الحكمَ، وهو أقربُ المؤمنين إلى الرسول؟ بل إنّه يخاف اللَّه، والإحساسُ بعظمِ الأمانةِ التي كلفَ بها، إنه الحرصُ على صالحِ المسلمينَ ما جعله يقولُ هذه الكلماتِ، ثم يؤكدُ للناس، أن الصدقَ أمانةٌ بينه وبينهم، والكذبُ خيانةٌ للأمانة، وأبو بكر لا يرى الضعيفَ في المسلمين ضعيفاً بل إنه يراه القوي - طالما أنه صاحب حق - وهو بنفسه سيسعى له حتى ينالَ حقَّه، والقويُّ في المسلمين ضعيفٌ حتى يأخذ منه الحقَّ ويعطيَه لصاحبه، أبو بكر

---

١- تاريخ الطبري جـ٣ ص٤٢٤.

الحاكمُ المؤمنُ الصالح ُلا يميزُ بين الناسِ، ولا يدعُ فرصةً أمام المحسوبية وغيرها(١).

استمَّر أبو بكر في توضيح منهجه للمسلمين، فنصحَهم بعدم تركِ الجهادِ في سبيلِ اللَّه، لأنهم إن تركوه أصابهَم اللَّهُ بالضعفِ، وتحكمَ فيهم عَدُوُّهم، فيصيبُهم الذلُّ، كذلك نهى أبو بكر عن انتشارِ المعصيةِ بينهم لأنها ما انتشرت في قومٍ إلا وأصابهَم اللَّه جميعاً بالمصائب، ثم يختتم أبو بكر كلماتهِ بأن طاعةَ الناسِ له مرهونةٌ - مقيدةٌ- بطاعتهِ للَّهِ، فإن عصاهُ فلا طاعَةَ لهُ عليهم...

هذا أبو بكر يوضح الأسسَ التي سيحكمُ بها المسلمين، هذا هو حال الحاكم المحبِّ لدينه، القريبِ من ربِّه ، لا يغترُّ، ولا يصيبُه الكبرُ، بل يظلُّ كما هو، كما عهدهُ الناسُ، رحمه اللَّهُ رحمةً واسعةً. فلقد كانَ حريصاً على طاعةِ ربِّه ورسولهِ، والعدلِ بين الناسِ مدةَ حكمه فيهم.

## ارتدادُ بعض المسلمين عن دين اللَّه.

بعدَ وفاةِ الرسولِ مباشرةً، وجدَها المنافقون فرصةً، وكان هؤلاءِ من ضِعَافِ الإيمانِ يتظاهرونَ بالإسلامِ، تقولُ السيدةُ عائشةُ عنهم:

- لما توفيَ رسولُ اللَّهِ ﷺ ارتدَّ العربُ، واشرأبت اليهوديةُ والنصرانيةُ،

١- الكامل في التاريخ -ابن الأثير- ص٣٣٥.

ونجمَ النفاقُ، وصارَ المسلمون كالغنمِ المطيرةِ في الليلةِ الشاتيةِ، لفقدِ نبيِّهم صلى الله عليه وسلم، حتى جمعَهم اللَّهُ على أبي بكر[١].

تصفُ السيدةُ عائشةُ حالَ العرب بعد وفاةِ الرسولِ فتقول: إن منهم من رجعَ عن الإسلامِ، وطمعَ اليهودُ والنصارى، وكاد يقع الخلافُ بين المسلمين، حتى لكأنهم الغنم المتوزعةُ كلٌّ يسير في اتجاه، بعدما نزلت عليها أمطار الشتاءِ ففرقتها، حتى هيأ اللَّه لهم أبا بكر ليجمعَهم.

- مَنْ لهذا الموقفِ الصعبِ سوى أبي بكر؟

أبي بكر الرقيق اللين؟

- نَعَمْ ولكنَّه الشديدُ القويُّ في الحقِّ، وهو لا يرى له حقاً في الحياةِ سوى دينُه، ودينُه يحاولُ الأعداءُ أن ينتقصوا منه، فماذا فعل أبو بكر؟

## أبو بكر يحذرُ المسلمين.

جمعَ أبو بكر المسلمينَ ثم قال لهم:

- ألاّ وإنّ لي شيطاناً يعتريني، فإذا أتاني فاجتنبوني[٢].

يخبرهم أبو بكر أنه في هذا الموقف، وقد ارتدتِ العربُ عامة، فما من

---

١- السيرة النبوية -ابن هشام- جـ٤ .

٢-تاريخ الطبري - جـ٣ ص٢٢٤ .

قبيلةٍ إلا وبها مَنْ عادَ عن الإسلام إلا قريشاً وثقيفاً، فهما القبيلتان اللتان لم يرجع عن دينهِ فيهما أحدٌ[١]، يخبرُهم أنه لا طريقِ لمواجهةِ هؤلاءِ غير الحسمِ، لأنه لن يتراجعَ عن نصرةِ دينِ اللّه وحربهِم، وسيعملُ على ذلك بكلِّ مايستطيعُ من قوة، وهو ماضٍ في طريقهِ مصمم عليه، محذراً من سيتباطأ. ففي هذا الوقتِ لا مجال للتراجع، وأبو بكر - وهو على حق فيما يأمر به - لن ينتظرَ، بل إنه شخص آخرُ غيرُ الذي يعرفونَه، يحذرُهم من أنه ساعةَ يثورُ للحق، ولدينِ اللّهِ فينبغي عليهم أن يجتنبوا مخالفته، ثم راحَ يذكرهم باللّه والموتِ، وعدمِ الاغترارِ بالحياةِ الدنيا لأنها فانيةٌ، ويشجعهم، ويبثُّ في نفوسهِم الحماسة.

## أول أمر لأبي بكر بعد خلافته.

كانَ جيشُ أسامةَ بنَ زيدٍ الذاهبُ لتأديبِ الروم قد توقفَ عن المسيرِ حينَ علم جنودُه بمرضِ رسولِ اللّهِ الشديدِ، واستمر في موضعِه بعد وفاتهِ، فكانَ أولُ أمرٍ أصدرَه أبو بكر في خلافتِه هو الأمرُ بمسيرِ جيشِ أسامةَ إلى الهدفِ الذي كانَ رسولَ اللّه قد حددهُ له، فقالَ له الناس:

- إنَّ هؤلاء جُلُّ -معظمِ المسلمينَ والعربِ -على ما ترى- قد انتقضت بكَ؛ فليسَ ينبغي لكَ أن تفرّق عنك جماعة المسلمين[٢].

---

١- الكامل في التاريخ -ابن الأثير- جـ٢ ص٤٢٢.

٢- تاريخ الطبري جـ١ ص٤٢٤.

يوضحُ له الناسُ ما حسبوه غائباً عنه، يقولون إن معظمَ المسلمين والعربَ قد ثاروا عليك، فمنَ الأفضل ألا توزعَ عنكَ جماعةَ المسلمين وقوتهم بتسيير جيش أسامةَ، فأجابَ أبو بكرٍ في كلماتٍ واضحةٍ، صريحةٍ، حازمةٍ:

– والذي نفسُ أبي بكر بيدِه، لو ظننتُ أن السباعَ تخطفني لأنفذتُ بعثَ أسامة كما أمرَ به رسولُ اللّهِ صلى اللّهُ عليه وسلم، ولو لمَ يبقَ في القرى غيره لأنفذتُه!.

يقسمُ أبو بكر بربه الذي يملكُ أمرَ نفسه ومصيرِه، لو أنه تأكدَ أن السباعَ لا المرتدين سوفَ تتخطفُه، لأرسلَ جيشَ أسامةَ، كما أمرَ الرسولُ، وأنه لو لم يبقَ في البلادِ أحد غيرهُ يقاومُ المرتدين وغيرَهم لأرسل جيشَ أسامةَ ولما تأخرَ.

إنه الإيمانُ الحقيقيُّ في أروعِ صورةٍ، الإيمانُ باللّهِ، وعدمُ الخوفِ مما سواه، إنه القلبُ الذي امتلأ حتى آخره بطاعةِ اللّهِ، والنفسُ المجاهدةُ التي لا تعرفُ الخوفَ ولا الكسلَ، لأنها تعلمُ أن مصيرَها بيدِ اللّه وحدَه، ومهمَا حاولَ البشرُ، فلن يفرضوا عليها شيئاً لم يقدره اللّهُ.

## عمرُ بنُ الخطابِ ينقلُ كلامَ الناسِ إلى أبي بكر.

فقالَ عمرُ بنُ الخطابِ لأبي بكر:

– فإن الأنصارَ تطلبُ رجلاً أقدمَ من أسامة(١).

١– الكامل في التاريخ –ابن الأثير– ص٣٣٥.

فوثبَ أبو بكر بعد أن كان جالسًا، وأخذَ بلحيةِ عمر وقال:

- ثكلتكَ -فقدتكَ- أمُّك يا بنَ الخطابِ! استعملَه رسولُ اللَّهِ، وتأمرني أن أعزلَه.

أخبرَ عمرُ أبا بكر أنَّ الأنصارَ يعترضونَ على قيادةِ أسامة بن زيدٍ للجيشِ وفيه مَنْ هم أكبرُ سناً منه، فقفزَ أبو بكرٍ من مكانهِ لشدةِ غضبهِ، وأمسكَ بذقنِ عمر، صائحاً فيه، غير متمالك لنفسه، وهل يعقلُ أن يعينَ الرسولُ أسامةَ، ويجعلَه قائداً للجيش، فيعزلُه أبو بكر عنه، وهكذا يكونُ الوفاءُ والالتزامُ بأوامرِ الرسولِ العظيمِ، إنَّ أبا بكر ليعلمُ أنَّ في أمر الرسولِ لأسامةَ بالذاتِ، وتكليفهِ له بقيادةِ هذا الجيشِ الخيرَ كلَّه، وأن الكفاءةَ ما ارتبطت أبداً بسنٍّ، فأسامةُ، وهو في الثامنة عشرة، وهو الشابُّ يستحقُ هذه المكانةَ لقدراتهِ، لذا جعلَه الرسولُ، فيه، ورغمَ الوضع العصيبِ في المدينةِ إلا أن أبا بكر الصاحبَ الوفي، والمؤمنَ القويَّ الإيمان، لا يرى شيئاً يمنعُه من تنفيذِ أمرِ الرسولِ بتسيير هذا الجيشِ، وبالقائدِ الذي أراده الرسولُ.

## نصر اللَّه لأسامة.

وبالفعلِ تحققت بشارةُ رسولِ اللَّهِ، فذهبَ أسامةُ إلى حيثُ أمره النبيُّ، وهجمَ على حدودِ مستعمرات الرومِ، فأخافهم، وهربوا من أسامةَ، بعدما علَّمهم درساً غالياً في احترامِ الإسلامِ وأهلهِ، وعادَ بالجيش مرةَ أخرى ظافراً

منصوراً ، ليثبتَ أن الرسولَ كان على حقٍّ حينما جعلَه قائداً، وأنه -صلى اللّه عليه وسلم- كانَ بعيدَ النظرِ، فرأى ما لم يرهُ غيرهُ، وأن أبا بكرٍ كان موفقاً حينما أنفذَ جيشَ أسامة .

## من أخبار المرتدين.

ظنَّ المرتدون بالمسلمين ضعفاً فتجرؤوا، وأرسلوا إلى أهلِ ذي القصة وهو مكانٌ قريبٌ من المدينة، واتفقوا معهم، حتى نزلوا عليهم، فأقاموا معهم تمهيداً لغزو المدينة[1]، ولما علم أبو بكر بالأمر، خرج مبرزاً سيفَه إلى ذي القصة غيرَ منتظرٍ حتى يجمعَ جيشَ المسلمين، فجاءهُ عليٌّ بنُ أبي طالب وأخذَ بزمامِ - لجامِ- ناقتِه، وقال له :

- أينَ يا خليفةَ رسولِ اللّه أقولَ لكَ ماقالَ لكَ رسولُ اللّه، لاتفجعنا بنفسك، فو اللّهِ لئن أصبنا بكَ لا يكونُ للإسلام نظامٌ[2] .

يسألهُ عليٌّ إلى أين، خوفاً عليه من ملاقاةِ المرتدين بمفردهِ، ويهدئ من ثورته، ومذكراً له بموقفٍ مشابهٍ نصحهُ فيه الرسولُ بالرجوعِ، حتى لا يفقده المسلمون، ويقسمُ له عليٌّ بأنَه إن أصيبَ لا يكونُ للإسلامِ بعدهُ نظامُ.

---

١- السيرة النبوية، ابن هشام، جـ٤ .

٢- الكامل في التاريخ -ابن الأثير- جـ٢، ص٤٢٢ .

هاهو أبو بكر أسدٌ يدافعُ عن عرينه، حينما علمَ بمحاصرة المرتدين للمدينةِ لم ينتظر، وإنما خرجَ بمفردهِ مضحياً بنفسهِ، وها هو عليٌّ بن أبي طالب الصحابيُّ الجليلُ يخافُ على خليفةِ الرسولِ فلا يتركُه حتى يعيدَه إلى المدينةِ، كذلك كانَ حبُّ أبي بكر لهذا الدين، وكانَ حبُّ علي لدينِ اللَّه، ثم للخليفةِ، وكذلكَ كانَ حب أصحابِ رسولِ اللَّهِ بعضِهم بعضاً.

## حرص أبي بكر على العناية بجميع المسلمين.

منذُ توليهِ خلافةَ المسلمين علمَ أبو بكر أنها أمانةٌ عظيمةٌ سيحاسبُ عنهَا أمام ربِّه، لذلكَ حرصَ على العدلِ بينَ جميعِ الرعيةِ، على الرغمِ من الحروبِ الكثيرةِ التي خاضها المسلمون في عهده، ضد الروم، وضد المرتدين، ولنشرِ دينِ اللَّهِ في البلادِ المجاورةِ، وعلى الرغمِ من ذلكَ إلا أنه كانَ حريصاً على العنايةِ بالمسلمين فيروي عمرُ بن الخطاب أنه كان يتعهدَ -يقوم على رعاية- امرأةٍ عمياءَ في المدينةِ المنورةِ، وكانَ يذهبُ إليها ليخدمَها، فكانَ كلمَّا ذهبَ وجدَ أن هناكَ واحداً قد سبقهُ، فنظفَ لهَا الدارَ، وأعدَّ الطعامَ، وغيرَ ذلكَ من أمورها، فتعجبَ عمرُ من ذلكَ الذي يسبقهُ إلى خدمةِ أمرأةٍ عجوزٍ ويعلمُ عنها مثلما يعلمُ، يعلمُ أن لا أهلَ بجوارِها يساعدونَها، وصارَ عمرُ يبكر في وقتِ ذهابه إليها، وكلمَا بكر وجدَ أن الشخصَ الآخر قد سبقَه إليها، حتى كانَ يومٌ ذهبَ إليها في وقتٍ مبكرٍ جداً، فوجدَ ذلك الذي

يخدمُها، وما إِن تعرَّف عليه حتى زالَ عجبهُ فلقد كان الخليفةُ نفسه.

ها هو أبو بكرٍ رغم كثرةِ مشاغلِه وتعددِها لا ينسى أن يقومَ على خدمةِ امرأةٍ كبيرةٍ في السنِّ، ويخدمَها بنفسِه، ويسبقُ في ذلك عمرَ بن الخطاب إِنهُ أبو بكر مثال رائع في الاهتمام برعيته الذين يحكمهم، وإِنه عمر بن الخطاب الصحابي الجليل يحرص على فعلِ الخيرِ، إِنهما صحابيان خرجَتهما مدرسةُ الرسولِ العظيمِ.

## شهادةُ قاضي المدينةِ على فترة حكم أبي بكر.

تولى عمرُ بن الخطاب القضاء في المدينة المنورةِ، وبعد عامٍ جاءَ إِلى أبي بكرٍ يرجوه أن يسمحَ له بتركِ هذهِ المهمةِ، فتساءلَ أبو بكر عن السببِ، فقالَ عُمر لأنه منذ عام لم يلجأ إِليه شاكيان ليحكم بينهما، ولم يختصم إِليه متشاجران، فهو منذ عام يحكمَ ولا تجيء إِليه قضايا.

إِنه المجتمعُ المسلمُ كما ينبغي أن يكونَ، مجتمعٌ يعرفُ كلُّ فردٍ من أفرادهِ ما يجب عليه أن يفعلَه فيفعلَه، يؤدي عملَه في إِتقان، إِنه المجتمعُ الإِسلاميُّ الذي يحكمُه الصديقُ أبو بكر، فكانَ مثالاً وقدوةً للجميع، مثالاً في الأمانةِ والحرصِ على العدلِ بينَ الناسِ، وقدوةَ في طاعةِ اللّه، والسيرِ على خطا الرسولِ، إِنه المجتمعُ المسلمُ حينما يسودُه العدلُ، إِنه المجتمعُ المسلمُ الذي يعرفُ ربَّه حينما حكمَه أبو بكر.

## مرض أبي بكر:

وفي إِحدى ليالي الأسبوعِ الأخيرِ من شهر جمادى الآخرة من العامِ الثالثِ عشر للهجرة، في ليلةِ الثلاثاء هذه مرض أبو بكر مرضاً شديداً، قيل إِنه بسبب تناولِه لطعامٍ مسمومٍ منذ سنة، فلقد وضعَ اليهودُ له سمٌّ سنة، أي سمٌّ لا يظهرُ مفعولُه إِلا بعد سنةٍ من تناولِه، وضعَ اليهودُ له السمَّ في الطعامِ الذي تناولَه.

وروي أن سببَ مرضِه أنه اغتسلَ في يوم باردٍ فأصيبَ بالحمى، فلم يعد قادراً على الخروجِ للصلاةِ بالناسِ، لذلك أمرَ عمر بن الخطاب أن يصليَ بدلاً منه.

فقال الناسُ لأبي بكر:

- ألا ندعوَ الطبيب؟.

فقالَ أبو بكر:

- قد أتاني - جاء إِليَّ - وقالَ لي أنا فاعل ما أريد.

ففهمَ الناسُ أن أبا بكر يقصد أن طبيبَه هو اللّهُ وحدَه، وأنه - عز وجل- فاعلٌ مايريدُه، وأبو بكر راضٍ بهذا الحكم .. فسكتَ الناسُ.

## آخر كلمات أبي بكر.

وكانَ آخرُ ما قاله أبو بكر للسيدةِ عائشةَ وهو يموتُ:

- أما إنَّا منذُ وليِّنا أمرَ المسلمين لم نأكل لهم ديناراً ولادرهماً، ولكنَّا قد أكلنا من جريشِ طعامهم، ولبسنا من خشنِ ثيابهم، وليسَ عندنا من فيءِ المسلمينَ إلا هذا العبدُ وهذه القطيفةُ، فإذا مت فابعثي بالجميع إلى عمر.

يقولُ أبو بكر إنه منذُ حكمَ المسلمين لم يأخذ من حقوقهم أقلَّ القليلِ، وإنما هو قد أكلَ من بسيطِ طعامهِم، ولبسَ من ثيابهِم الخشنةِ، وفي المسلمين مَنْ هو غني وأنه ليس لديه شيءٌ يتركُه، سوى عبدٍ كانَ يخدمُه، وقطيفةٍ، يوصي أن تردها السيدةُ عائشةُ لعمرَ بنِ الخطابِ إن مات.

أبو بكرٍ صاحبُ المواقفِ العظيمةِ، الذي ضحَّى بماله كلِّه عند الهجرةِ في سبيلِ اللَّه، الذي كان يحيا في النعيمِ قبل الإسلامِ، يتولَّى الخلافةَ فلا يأكلُ من الطعامِ إلا ما رخصَ، ولايلبسُ إلا الثيابَ الخشنةَ، وحين يموتُ يوصي أن تعيدَ ابنتهُ عائشةُ العبدَ الذي كان يخدمُه، وقطعةَ قماشٍ إلى عمر كي يضعُهما في بيتِ المال، إنه رجلٌ عاشَ حياتَه كلَّها للَّه، لم يغره المالُ، ولم يغيِّر من طبعهِ الحكمُ، عاشَ حياتَه للَّه، وفي لحظة موتهِ خافَ أن يتركَ خلفهَ ما يحاسبُ عليه لدى ربه.

وحينَ رأى عمرُ العبدَ وقطعةَ القماشِ بعدِ وفاةِ أبي بكر قال:

- رحمَ اللّه أبا بكرٍ لقد أتعبَ من بعدَه[1].

وقيلَ إن آخرَ ما نطقَ به أبو بكر هو دعاءُ سيدِنا يوسفَ لربه في القرآن الكريم:

- توفني مسلماً وألحقني بالصالحين.

## وفاةُ أبي بكر.

ولم يمضِ من الليلةِ وقتٌ طويلٌ حتى فاضت روحُ أبي بكر إلى خالقها، بعد أن عاشَ ثلاثةً وستين عاماً، قضى منهم سنتين وثلاثةَ أشهر، وعشرَ ليالٍ في الخلافة.

وعُرفَ قبل إسلامه بسماحةِ الخلق، وطيبِ النفسِ، وحسنِ المعاملةِ، وجاءَ الإسلامُ، فكان أبو بكر بإيمانهِ بربهِ، ومواقفهِ إلى جوار رسوله، كان مؤمناً عظيماً، متواضعاً في أفعاله، مخلصاً لدينه.

إن يكن قد اشتهر عنه الهدوءُ فإنه كانَ لا يشتد إلا في دين اللّه حينما يحاولُ أحدٌ أن ينتقصَ منه.

ساندَ الرسولَ بكلِّ مايملكُ .. بنفسهِ، ومالهِ، وولدهِ، فاستحقَّ هذه المنزلةَ العظيمةَ، إذ كانَ إلى جوارهِ في الحياةِ، ودفنَ في القبرِ بجانبه.

---

(١) الكامل في التاريخ - ابن الأثير - جـ٢ ص ٤١٢.

حزنَ لوفاةِ الرسول حزناً شديداً، ولكنه وقفَ وقفهً ثابتةً، تمالكَ نفسهُ فيها في الوقتِ الذي لم يستطع غيره تمالك نفسِه وخطبَ في الناسِ فوضَّحَ لهم ما كانَ غائباً عنهم، وحفظَ بوقفتِه هذه على المؤمنين وحدتهم.

تولى الخلافةَ فكانَ نعمَ الحاكمُ المسلمُ الصالحُ، أصرَّ في أولِ قرارٍ له على تنفيذِ وصيةِ رسولِ اللَّهِ، فأرسلَ جيشَ أسامةَ، كذلكَ أصرَّ على حرب المرتدين، ولم ينتظر بل كادَ أن يخرجَ لملاقاتِهم بنفسِه لولا أنْ منعَه عليٌّ بنُ أبي طالب، وفاجأهم بجيشِ المسلمين قبل أن يفاجئوه، وأعاد مَنْ أعاد منهم إلى الإسلام.

ولم يشغله كلُّ ذلك عن رعيتِه، فحكمَ بينهم بالعدلِ، حتى ما عاد واحدٌ يشكو من الآخر.

وسيّر الجيوشَ لفتح المدن، ونشرَ دينَ اللَّه، وماتَ، وفي دارِه القليلُ من متاعِ الدنيا، فأوصى ابنته أن تعيدَه إلى بيتِ مالِ المسلمين.

هكذا كان أبو بكر الصديق نموذجاً للمسلم ذي الخلقِ الحسن، المطيعِ لربِّه، الصادقِ في إيمانهِ في بيتهِ، ومع الناسِ، وفي مكةَ..

رحمه اللَّهُ رحمةً واسعةً، وجعلَه في جناتِ الخلدِ لديه، وألحقنا بــه.

# الفهـــرس